MEJORES RECETAS MEDITERRÁNEAS 2022

MUCHAS RECETAS SALUDABLES Y SABROSAS

PARA PERDER PESO Y SER MÁS ENERGÉTICO

ROBERTO GUTIERREZ

Tabla de contenido

Paella de verduras 9

Cazuela De Berenjena Y Arroz 11

Cuscús de muchas verduras 14

Kushari 17

Bulgur con Tomate y Garbanzos 20

Maccheroni de caballa 22

Maccheroni con tomates cherry y anchoas 24

Risotto de limón y camarones 26

Espaguetis con Almejas 28

Sopa de pescado griega 30

Arroz Venere con Camarones 32

Pennette con salmón y vodka 34

Carbonara de mariscos 36

Garganelli con Pesto de Calabacín y Camarones 38

Risotto de salmón 41

Pasta con Tomates Cherry y Anchoas 43

Orecchiette de brócoli y salchicha 45

Risotto de Radicchio y Tocino Ahumado 47

Pasta alla Genovese 49

Pasta de coliflor de Nápoles 52

Pasta e Fagioli con Naranja e Hinojo 54

Espaguetis al Limone 56

Cuscús De Verduras Con Especias 58

Arroz al Horno Especiado con Hinojo 60

Cuscús al estilo marroquí con garbanzos	62
Paella Vegetariana con Judías Verdes y Garbanzos	64
Langostinos al Ajillo con Tomate y Albahaca	66
Paella de camarones	68
Ensalada de Lentejas con Aceitunas, Menta y Feta	70
Garbanzos con Ajo y Perejil	72
Garbanzos Guisados con Berenjena y Tomate	74
Arroz griego con limón	76
Arroz con ajo y hierbas	78
Ensalada Mediterránea De Arroz	80
Ensalada De Frijoles Frescos Y Atún	82
Pasta De Pollo Deliciosa	84
Tazón de arroz Flavors Taco	86
Sabrosos macarrones con queso	88
Arroz con pepino y oliva	90
Sabores Risotto de Hierbas	92
Deliciosa Pasta Primavera	94
Pasta de pimiento asado	96
Arroz con tomate, albahaca y queso	98
Macarrones con queso	100
Pasta de atún	102
Panini Mix de Aguacate y Pavo	104
Wrap de Pepino, Pollo y Mango	106
Fattoush - Pan de Oriente Medio	108
Focaccia sin gluten de ajo y tomate	110
Hamburguesas a la Parrilla con Champiñones	112
Mediterráneo Baba Ghanoush	114

Tagine marroquí con verduras	116
Wraps de garbanzos y lechuga con apio	118
Brochetas de Verduras a la Parrilla	119
Hongos Portobello Rellenos con Tomates	121
Hojas de diente de león marchitas con cebolla dulce	123
Apio y hojas de mostaza	124
Revuelto de verduras y tofu	125
Zoodles simples	127
Wraps de lentejas y coles de tomate	128
Cuenco de verduras mediterráneas	130
Wrap de verduras asadas y hummus	132
Judías Verdes Españolas	134
Coliflor rústica y hachís de zanahoria	135
Coliflor Asada y Tomates	136
Calabaza Bellota Asada	138
Espinacas Salteadas Con Ajo	140
Calabacín salteado al ajo con menta	141
Okra guisado	142
Pimientos Rellenos De Verduras Dulces	143
Berenjena Moussaka	145
Hojas de parra rellenas de vegetales	147
Rollos de berenjena a la parrilla	149
Buñuelos de calabacín crujientes	151
Tartas de espinacas con queso	153
Bocaditos de pepino	155
Dip de yogur	156
Brucheta de tomate	157

Tomates Rellenos De Aceitunas Y Queso 159

Tapenade de pimienta 160

Falafel de cilantro... 161

Hummus de pimiento rojo 163

Dip de frijoles blancos 164

Hummus con Cordero Molido 165

Dip de berenjena... 166

Buñuelos de verduras 167

Albóndigas De Cordero Bulgur 169

Mordeduras de pepino 171

Aguacate Relleno 172

Ciruelas envueltas 173

Feta marinado y alcachofas 174

Croquetas de atún... 176

Crudités de salmón ahumado 179

Aceitunas marinadas con cítricos 180

Tapenade de aceitunas con anchoas 181

Huevos Rellenos Griegos.. 183

Galletas Manchegas 185

Pila Burrata Caprese.. 187

Buñuelos de calabacín y ricotta con alioli de limón y ajo 189

Pepinos Rellenos De Salmón 191

Paté de Queso de Cabra y Caballa 193

Sabor de las bombas de grasa mediterráneas.......................... 195

Gazpacho de aguacate 197

Tazas de lechuga con pastel de cangrejo.................................. 199

Wrap de ensalada de pollo con naranja y estragón 201

Champiñones Rellenos De Queso Feta Y Quinoa 203

Falafel de cinco ingredientes con salsa de ajo y yogur 205

Camarones Al Limón Con Aceite De Oliva Ajo 207

Papas fritas crujientes de judías verdes con salsa de yogur y limón 209

Chips de pita de sal marina caseros 211

Dip de Spanakopita al Horno 212

Dip de cebolla perla asada 214

Tapenade de pimiento rojo 216

Piel de patata griega con aceitunas y queso feta 218

Flatbread de Alcachofa y Pita de Aceitunas 220

Paella de verduras

Tiempo de preparación: 25 minutos.

Hora de cocinar : 45 minutos

Porciones: 6

Nivel de dificultad: promedio

Ingredientes:

- ¼ taza de aceite de oliva
- 1 cebolla dulce grande
- 1 pimiento rojo grande
- 1 pimiento verde grande
- 3 dientes de ajo finamente picados
- 1 cucharadita de pimentón ahumado
- 5 hebras de azafrán
- 1 calabacín, cortado en cubos de ½ pulgada
- 4 tomates maduros grandes, pelados, sin semillas y picados
- 1½ tazas de arroz español de grano corto
- 3 tazas de caldo de verduras, calentado

Direcciones:

Precalienta el horno a 350 ° F. Cocina el aceite de oliva a fuego medio. Agregue la cebolla y los pimientos rojos y verdes y cocine por 10 minutos.

Agregue el ajo, el pimentón, las hebras de azafrán, el calabacín y los tomates. Baje el fuego a medio-bajo y cocine por 10 minutos.

Agregue el arroz y el caldo de verduras. Sube el fuego para que hierva la paella. Pon el fuego a medio-bajo y cocina por 15 minutos. Envuelve la sartén con papel de aluminio y métela al horno.

Hornea por 10 minutos o hasta que se absorba el caldo.

Nutrición (por 100 g): 288 calorías 10 g de grasa 46 g de carbohidratos 3 g de proteína 671 mg de sodio

Cazuela De Berenjena Y Arroz

Tiempo de preparación: 30 minutos.

Hora de cocinar : 35 minutos

Porciones: 4

Nivel de dificultad: Difícil

Ingredientes:

- <u>Para la salsa</u>
- ½ taza de aceite de oliva
- 1 cebolla pequeña picada
- 4 dientes de ajo machacados
- 6 tomates maduros, pelados y picados
- 2 cucharadas de pasta de tomate
- 1 cucharadita de orégano seco
- ¼ de cucharadita de nuez moscada molida
- ¼ de cucharadita de comino molido
- <u>Para la cazuela</u>
- 4 berenjenas japonesas (6 pulgadas), cortadas a la mitad a lo largo
- 2 cucharadas de aceite de oliva
- 1 taza de arroz cocido
- 2 cucharadas de piñones tostados
- 1 taza de agua

Direcciones:

Para hacer la salsa

Cocina el aceite de oliva en una cacerola de fondo grueso a fuego medio. Coloque la cebolla y cocine por 5 minutos. Agregue el ajo, los tomates, la pasta de tomate, el orégano, la nuez moscada y el comino. Hierva y luego baje el fuego a bajo y cocine a fuego lento durante 10 minutos. Retirar y reservar.

Para hacer la cazuela

Precalienta el asador. Mientras la salsa hierve a fuego lento, rocíe las berenjenas con el aceite de oliva y colóquelas en una bandeja para hornear. Ase durante unos 5 minutos hasta que estén doradas. Retirar y dejar enfriar. Enciende el horno a 375 ° F. Coloque la berenjena enfriada, con el lado cortado hacia arriba, en una fuente para hornear de 9 por 13 pulgadas. Saque suavemente un poco de carne para dejar espacio para el relleno.

En un bol, combine la mitad de la salsa de tomate, el arroz cocido y los piñones. Rellena cada mitad de berenjena con la mezcla de arroz. En el mismo tazón, combine el resto de la salsa de tomate y el agua. Vierta sobre la berenjena. Hornee, tapado, durante 20 minutos hasta que la berenjena esté blanda.

Nutrición (por 100 g): 453 calorías 39 g de grasa 29 g de carbohidratos 7 g de proteína 820 mg de sodio

Cuscús de muchas verduras

Tiempo de preparación: 15 minutos.

Hora de cocinar : 45 minutos

Porciones: 8

Nivel de dificultad: Difícil

Ingredientes:

- ¼ taza de aceite de oliva
- 1 cebolla picada
- 4 dientes de ajo picados
- 2 chiles jalapeños, pinchados con un tenedor en varios lugares
- ½ cucharadita de comino molido
- ½ cucharadita de cilantro molido
- 1 lata (28 onzas) de tomates triturados
- 2 cucharadas de pasta de tomate
- 1/8 cucharadita de sal
- 2 hojas de laurel
- 11 tazas de agua, divididas
- 4 zanahorias
- 2 calabacines, cortados en trozos de 2 pulgadas
- 1 calabaza bellota, cortada a la mitad, sin semillas y cortada en rodajas de 1 pulgada de grosor
- 1 lata (15 onzas) de garbanzos, escurridos y enjuagados
- ¼ de taza de limones en conserva picados (opcional)

- 3 tazas de cuscús

Direcciones:

Cocina el aceite de oliva en una olla de fondo grueso. Coloca la cebolla y cocina por 4 minutos. Agregue el ajo, los jalapeños, el comino y el cilantro. Cocine por 1 minuto. Agrega los tomates, la pasta de tomate, la sal, las hojas de laurel y 8 tazas de agua. Lleva la mezcla a ebullición.

Agregue las zanahorias, el calabacín y la calabaza bellota y vuelva a hervir. Reduzca un poco el fuego, cubra y cocine durante unos 20 minutos hasta que las verduras estén tiernas pero no blandas. Coge 2 tazas del líquido de cocción y reserva. Sazone según sea necesario.

Agregue los garbanzos y los limones en conserva (si los usa). Cocine unos minutos y apague el fuego.

En una sartén mediana, hierva las 3 tazas de agua restantes a fuego alto. Agrega el cuscús, tapa y apaga el fuego. Deje reposar el cuscús durante 10 minutos. Rocíe con 1 taza del líquido de cocción reservado. Con un tenedor, esponje el cuscús.

Colócalo en una fuente grande. Rocíelo con el líquido de cocción restante. Saque las verduras de la olla y colóquelas encima. Sirve el guiso restante en un tazón aparte.

Nutrición (por 100 g): 415 calorías 7 g de grasa 75 g de carbohidratos 9 g de proteína 718 mg de sodio

Kushari

Tiempo de preparación: 25 minutos.

Hora de cocinar : 1 hora y 20 minutos

Porciones: 8

Nivel de dificultad: Difícil

Ingredientes:

- Para la salsa
- 2 cucharadas de aceite de oliva
- 2 dientes de ajo picados
- 1 lata (16 onzas) de salsa de tomate
- ¼ taza de vinagre blanco
- ¼ de taza de Harissa, o comprada en la tienda
- 1/8 cucharadita de sal
- Para el arroz
- 1 taza de aceite de oliva
- 2 cebollas, en rodajas finas
- 2 tazas de lentejas marrones secas
- 4 cuartos de galón más ½ taza de agua, cantidad dividida
- 2 tazas de arroz de grano corto
- 1 cucharadita de sal
- 1 libra de pasta de codo corto
- 1 lata (15 onzas) de garbanzos, escurridos y enjuagados

Direcciones:

Para hacer la salsa

En una cacerola, cuece el aceite de oliva. Sofreír el ajo. Agregue la salsa de tomate, el vinagre, la harissa y la sal. Deje hervir la salsa. Baje el fuego a bajo y cocine por 20 minutos o hasta que la salsa espese. Retirar y reservar.

Para hacer el arroz

Prepara el plato con toallas de papel y reserva. En una sartén grande a fuego medio, calienta el aceite de oliva. Saltee las cebollas, revuelva con frecuencia, hasta que estén crujientes y doradas. Transfiera las cebollas al plato preparado y reserve. Reserva 2 cucharadas de aceite de cocina. Reserva la sartén.

A fuego alto, combine las lentejas y 4 tazas de agua en una olla. Deje que hierva y cocine por 20 minutos. Colar y mezclar con las 2 cucharadas de aceite de cocina reservadas. Dejar de lado. Reserva la olla.

Coloca la sartén que usaste para freír las cebollas a fuego medio-alto y agrega el arroz, 4½ tazas de agua y sal. Llevar a hervir. Ponga el fuego a bajo y cocine por 20 minutos. Apagar y dejar reposar durante 10 minutos. Ponga a hervir las 8 tazas restantes de agua, con sal, a fuego alto en la misma olla que se usó para cocinar las lentejas. Coloque la pasta y cocine durante 6 minutos o según las instrucciones del paquete. Escurrir y reservar.

Armar

Vierta el arroz en una fuente para servir. Cúbralo con las lentejas, los garbanzos y la pasta. Rocíe con la salsa de tomate picante y espolvoree con las cebollas fritas crujientes.

Nutrición (por 100 g): 668 calorías 13 g de grasa 113 g de carbohidratos 18 g de proteína 481 mg de sodio

Bulgur con Tomate y Garbanzos

Tiempo de preparación: 10 minutos.

Hora de cocinar : 35 minutos

Porciones: 6

Nivel de dificultad: promedio

Ingredientes:

- ½ taza de aceite de oliva
- 1 cebolla picada
- 6 tomates, cortados en cubitos o 1 lata (de 16 onzas) de tomates cortados en cubitos
- 2 cucharadas de pasta de tomate
- 2 tazas de agua
- 1 cucharada de Harissa, o comprada en la tienda
- 1/8 cucharadita de sal
- 2 tazas de bulgur grueso
- 1 lata (15 onzas) de garbanzos, escurridos y enjuagados

Direcciones:

En una olla de fondo grueso a fuego medio, calienta el aceite de oliva. Sofreír la cebolla luego agregar los tomates con su jugo y cocinar por 5 minutos.

Agregue la pasta de tomate, el agua, la harissa y la sal. Llevar a hervir.

Agrega el bulgur y los garbanzos. Vuelva a hervir la mezcla. Disminuya el fuego a bajo y cocine por 15 minutos. Deje reposar durante 15 minutos antes de servir.

Nutrición (por 100 g): 413 calorías 19 g de grasa 55 g de carbohidratos 14 g de proteína 728 mg de sodio

Maccheroni de caballa

Tiempo de preparación: 10 minutos.

Hora de cocinar : 15 minutos

Porciones: 4

Nivel de dificultad: Fácil

Ingredientes:

- Maccheroni de 12 oz
- 1 diente de ajo
- 14 oz de salsa de tomate
- 1 ramita de perejil picado
- 2 chiles frescos
- 1 cucharadita de sal
- 200 g de caballa en aceite
- 3 cucharadas de aceite de oliva virgen extra

Direcciones:

Empiece poniendo el agua a hervir en una cacerola. Mientras se calienta el agua, coger una sartén, verter un poco de aceite y un poco de ajo y cocinar a fuego lento. Una vez que el ajo esté cocido, sácalo de la sartén.

Corta el ají, quita las semillas internas y córtalo en tiras finas.

Agrega el agua de cocción y el ají a la misma sartén que antes. Luego, tomar la caballa, y después de escurrir el aceite y separarlo con un tenedor, lo ponemos en la sartén con el resto de ingredientes. Saltee ligeramente agregando un poco de agua de cocción.

Cuando todos los ingredientes estén bien incorporados, agrega el puré de tomate en la sartén. Mezcle bien para unificar todos los ingredientes y cocine a fuego lento durante unos 3 minutos.

Pasemos a la pasta:

Después de que el agua comience a hervir, agregue la sal y la pasta. Escurre los maccheroni una vez que estén ligeramente al dente y agrégalos a la salsa que preparaste.

Sofría unos instantes en la salsa y después de degustar, sazone con sal y pimienta a su gusto.

Nutrición (por 100 g): 510 Calorías 15,4 g Grasas 70 g Carbohidratos 22,9 g Proteínas 730 mg Sodio

Maccheroni con tomates cherry y anchoas

Tiempo de preparación: 10 minutos.

Hora de cocinar : 15 minutos

Porciones: 4

Nivel de dificultad: Fácil

Ingredientes:

- Pasta Maccheroni de 14 oz
- 6 anchoas saladas
- 4 oz de tomates cherry
- 1 diente de ajo
- 3 cucharadas de aceite de oliva virgen extra
- Chiles frescos al gusto
- 3 hojas de albahaca
- Sal al gusto

Direcciones:

Comience calentando agua en una olla y agregue sal cuando esté hirviendo. Mientras tanto, preparar la salsa: Coger los tomates después de haberlos lavado y cortarlos en 4 trozos.

Ahora, coge una sartén antiadherente, espolvorea un poco de aceite y echa un diente de ajo. Una vez cocido, sácalo de la sartén. Agrega las anchoas limpias a la sartén, derritiéndolas en el aceite.

Cuando las anchoas estén bien disueltas, agregue los trozos de tomate cortados y suba el fuego a alto, hasta que comiencen a ablandarse (tenga cuidado de no dejar que se ablanden demasiado).

Agregue los chiles sin semillas, córtelos en trozos pequeños y sazone.

Transfiera la pasta en la olla con agua hirviendo, escurra al dente y déjela sofreír en la cacerola por unos momentos.

Nutrición (por 100 g): 476 Calorías 11 g Grasas 81,4 g Carbohidratos 12,9 g Proteínas 763 mg Sodio

Risotto de limón y camarones

Tiempo de preparación: 10 minutos.

Hora de cocinar : 30 minutos

Porciones: 4

Nivel de dificultad: Fácil

Ingredientes:

- 1 limón
- 14 oz de camarones sin cáscara
- 1 ¾ tazas de arroz risotto
- 1 cebolla blanca
- 33 fl. oz (1 litro) de caldo de verduras (incluso menos está bien)
- 2 ½ cucharadas de mantequilla
- ½ vaso de vino blanco
- Sal al gusto
- Pimienta negra al gusto
- Cebollino al gusto

Direcciones:

Empiece por hervir los camarones en agua con sal durante 3-4 minutos, escurra y reserve.

Pelar y picar finamente una cebolla, sofreírla con mantequilla derretida y una vez que la mantequilla se haya secado, tostar el arroz en la sartén durante unos minutos.

Desglasar el arroz con medio vaso de vino blanco, luego agregar el jugo de 1 limón. Revuelva y termine de cocinar el arroz agregando una cucharada de caldo de verduras según sea necesario.

Mezclar bien y unos minutos antes del final de la cocción, agregar los camarones previamente cocidos (dejando algunos de ellos a un lado para decorar) y un poco de pimienta negra.

Una vez que se apaga el fuego, agregue una nuez de mantequilla y revuelva. El risotto está listo para servir. Decora con los camarones restantes y espolvorea con unas cebolletas.

Nutrición (por 100 g): 510 Calorías 10 g Grasas 82,4 g Carbohidratos 20,6 g Proteínas 875 mg Sodio

Espaguetis con Almejas

Tiempo de preparación: 10 minutos.

Hora de cocinar : 40 minutos

Porciones: 4

Nivel de dificultad: Fácil

Ingredientes:

- 11.5 oz de espagueti
- 2 libras de almejas
- 7 oz de salsa de tomate, o pulpa de tomate, para la versión roja de este platillo
- 2 dientes de ajo
- 4 cucharadas de aceite de oliva virgen extra
- 1 vaso de vino blanco seco
- 1 cucharada de perejil finamente picado
- 1 ají

Direcciones:

Empiece por lavar las almejas: nunca "purgue" las almejas; solo deben abrirse mediante el uso de calor, de lo contrario, su precioso líquido interno se pierde junto con la arena. Lave las almejas rápidamente con un colador colocado en una ensaladera: esto filtrará la arena de las conchas.

Luego ponga inmediatamente las almejas escurridas en una cacerola con tapa a fuego alto. Darles la vuelta de vez en cuando, y cuando estén casi todos abiertos retirarlos del fuego. Las almejas que quedan cerradas están muertas y hay que eliminarlas. Retirar los moluscos de los abiertos, dejando algunos enteros para decorar los platos. Colar el líquido que queda en el fondo de la sartén y reservar.

Toma una sartén grande y vierte un poco de aceite en ella. Calentar un pimiento entero y uno o dos dientes de ajo machacados a fuego muy lento hasta que los dientes se pongan amarillentos. Agrega las almejas y sazona con vino blanco seco.

Ahora, añadir el líquido de almejas colado previamente y un poco de perejil picado finamente.

Colar y echar inmediatamente los espaguetis al dente en la sartén, después de haberlos cocido en abundante agua con sal. Remueve bien hasta que los espaguetis absorban todo el líquido de las almejas. Si no usó ají, complete con una pizca ligera de pimienta blanca o negra.

Nutrición (por 100 g): 167 Calorías 8 g Grasas 8,63 g Carbohidratos 5 g Proteínas 720 mg Sodio

Sopa de pescado griega

Tiempo de preparación: 10 minutos.

Hora de cocinar : 60 minutos

Porciones: 4

Nivel de dificultad: Fácil

Ingredientes:

- Merluza u otro pescado blanco
- 4 patatas
- 4 cebolletas
- 2 zanahorias
- 2 tallos de apio
- 2 tomates
- 4 cucharadas de aceite de oliva virgen extra
- 2 huevos
- 1 limón
- 1 taza de arroz
- Sal al gusto

Direcciones:

Elija un pez que no exceda las 2.2 libras de peso, quítele las escamas, branquias e intestinos y lávelo bien. Salar y reservar.

Lavar las patatas, zanahorias y cebollas y ponerlas en la cacerola enteras con suficiente agua para remojarlas y luego llevar a ebullición.

Agregue el apio aún atado en manojos para que no se disperse durante la cocción, corte los tomates en cuatro partes y agregue estos también, junto con el aceite y la sal.

Cuando las verduras estén casi cocidas, agregue más agua y el pescado. Hervir durante 20 minutos y luego retirarlo del caldo junto con las verduras.

Colocar el pescado en una fuente de servir adornando con las verduras y colar el caldo. Vuelve a poner el caldo al fuego, diluyéndolo con un poco de agua. Una vez que hierva, echa el arroz y sazona con sal. Una vez que el arroz esté cocido, retira la cacerola del fuego.

Prepara la salsa avgolemono:

Batir bien los huevos y agregar lentamente el jugo de limón. Ponga un poco de caldo en un cucharón y viértalo lentamente en los huevos, mezclando constantemente.

Finalmente, agregue la salsa obtenida a la sopa y mezcle bien.

Nutrición (por 100 g): 263 Calorías 17,1 g Grasas 18,6 g Carbohidratos 9 g Proteínas 823 mg Sodio

Arroz Venere con Camarones

Tiempo de preparación: 10 minutos.

Hora de cocinar : 55 minutos

Porciones: 3

Nivel de dificultad: Fácil

Ingredientes:

- 1 ½ tazas de arroz venere negro (mejor si está sancochado)
- 5 cucharaditas de aceite de oliva virgen extra
- 10,5 oz de camarones
- 10,5 oz de calabacín
- 1 limón (jugo y corteza)
- Sal de mesa al gusto
- Pimienta negra al gusto
- 1 diente de ajo
- Tabasco al gusto

Direcciones:

Empecemos por el arroz:

Después de llenar una olla con abundante agua y llevarla a ebullición, vierta el arroz, agregue sal y cocine por el tiempo necesario (consulte las instrucciones de cocción del paquete).

Mientras tanto, ralla los calabacines con un rallador de agujeros grandes. En una sartén calentar el aceite de oliva con el diente de ajo pelado, agregar el calabacín rallado, sal y pimienta, y cocinar por 5 minutos, quitar el diente de ajo y reservar las verduras.

Ahora limpia los camarones:

Quitar la cáscara, cortar la cola, dividirlos por la mitad a lo largo y quitar el intestino (el hilo oscuro en su espalda). Coloque los camarones limpios en un bol y sazone con aceite de oliva; dale un sabor extra agregando ralladura de limón, sal y pimienta y agregando unas gotas de Tabasco si así lo deseas.

Calentar los camarones en una sartén caliente durante un par de minutos. Una vez cocido, reservar.

Una vez que esté listo el arroz Venere, cuele en un bol, agregue la mezcla de calabacín y revuelva.

Nutrición (por 100 g): 293 Calorías 5 g Grasas 52 g Carbohidratos 10 g Proteínas 655 mg Sodio

Pennette con salmón y vodka

Tiempo de preparación: 10 minutos.

Hora de cocinar : 18 minutos

Porciones: 4

Nivel de dificultad: Fácil

Ingredientes:

- Pennette Rigate de 14 oz
- 200 g de salmón ahumado
- 1,2 oz de chalota
- 1,35 fl. oz (40 ml) de vodka
- 5 oz de tomates cherry
- 7 oz de crema líquida fresca (recomiendo la de verduras para un plato más ligero)
- Cebollino al gusto
- 3 cucharadas de aceite de oliva virgen extra
- Sal al gusto
- Pimienta negra al gusto
- Albahaca al gusto (para decorar)

Direcciones:

Lavar y cortar los tomates y las cebolletas. Después de haber pelado la chalota, la picamos con un cuchillo, la ponemos en un cazo y la dejamos macerar en aceite de oliva virgen extra unos instantes.

Mientras tanto, cortar el salmón en tiras y sofreírlo junto con el aceite y la chalota.

Licúa todo con el vodka, con cuidado, ya que podría haber una llamarada (si una llama sube, no te preocupes, bajará en cuanto el alcohol se haya evaporado por completo). Agrega los tomates picados y agrega una pizca de sal y, si quieres, un poco de pimienta. Por último, añadir la nata y el cebollino picado.

Mientras la salsa se sigue cocinando, prepara la pasta. Una vez que el agua hierva, vierte las Pennette y déjalas cocer hasta que estén al dente.

Cuela la pasta y vierte la pennette en la salsa, dejándola cocer unos instantes para que absorba todo el sabor. Si lo desea, decore con una hoja de albahaca.

Nutrición (por 100 g): 620 Calorías 21,9 g Grasas 81,7 g Carbohidratos 24 g Proteínas 326 mg Sodio

Carbonara de mariscos

Tiempo de preparación: 15 minutos.

Hora de cocinar : 50 minutos

Porciones: 3

Nivel de dificultad: Fácil

Ingredientes:

- 11.5 oz de espagueti
- 3,5 oz de atún
- 3,5 oz de pez espada
- 3.5 oz de salmón
- 6 yemas
- 4 cucharadas de queso parmesano (Parmigiano Reggiano)
- 2 fl. oz (60 ml) de vino blanco
- 1 diente de ajo
- Aceite de oliva virgen extra al gusto
- Sal de mesa al gusto
- Pimienta negra al gusto

Direcciones:

Prepare un agua hirviendo en una olla y agregue un poco de sal.

Mientras tanto, vierte 6 yemas de huevo en un bol y agrega el parmesano rallado, la pimienta y la sal. Batir con un batidor y diluir con un poco de agua de cocción de la olla.

Retire las espinas del salmón, las escamas del pez espada y proceda cortando en cubitos el atún, el salmón y el pez espada.

Una vez que hierva, agregue la pasta y cocine un poco al dente.

Mientras tanto, calentar un poco de aceite en una sartén grande, agregar todo el diente de ajo pelado. Una vez que el aceite esté caliente, agregue los cubos de pescado y saltee a fuego alto durante aproximadamente 1 minuto. Retire el ajo y agregue el vino blanco.

Una vez que el alcohol se evapore, saca los dados de pescado y baja el fuego. Tan pronto como los espaguetis estén listos, añádalos a la sartén y saltee durante aproximadamente un minuto, revolviendo constantemente y agregando el agua de cocción, según sea necesario.

Vierta la mezcla de yema de huevo y los dados de pescado. Mezclar bien. Atender.

Nutrición (por 100 g): 375 Calorías 17 g Grasas 41,40 g Carbohidratos 14 g Proteínas 755 mg Sodio

Garganelli con Pesto de Calabacín y Camarones

Tiempo de preparación: 10 minutos.

Hora de cocinar : 30 minutos

Porciones: 4

Nivel de dificultad: promedio

Ingredientes:

- 14 oz de garganelli a base de huevo
- Para el pesto de calabacín:
- 7 oz de calabacín
- 1 taza de piñones
- 8 cucharadas (0,35 oz) de albahaca
- 1 cucharadita de sal de mesa
- 9 cucharadas de aceite de oliva virgen extra
- 2 cucharadas de queso parmesano para rallar
- 1 oz de Pecorino para rallar
- Para los camarones salteados:
- 8,8 oz de camarones
- 1 diente de ajo
- 7 cucharaditas de aceite de oliva virgen extra
- Pizca de sal

Direcciones:

Empiece por preparar el pesto:

Después de lavar los calabacines, rallarlos, colocarlos en un colador (para que pierdan el exceso de líquido) y salarlos ligeramente. Pon los piñones, el calabacín y las hojas de albahaca en la licuadora. Agrega el parmesano rallado, el pecorino y el aceite de oliva virgen extra.

Licúa todo hasta que la mezcla esté cremosa, agrega una pizca de sal y reserva.

Cambie a los camarones:

En primer lugar, saque el intestino cortando el lomo del camarón con un cuchillo en toda su longitud y, con la punta del cuchillo, retire el hilo negro del interior.

Cuece el diente de ajo en una sartén antiadherente con aceite de oliva virgen extra. Cuando esté dorado, retire el ajo y agregue los camarones. Saltea durante unos 5 minutos a fuego medio, hasta que veas que se forma una costra crujiente en el exterior.

Luego, hierve una olla con agua con sal y cocina el Garganelli. Aparte un par de cucharadas de agua de cocción y escurra la pasta al dente.

Pon los Garganelli en la sartén donde cocinaste los camarones. Cocine juntos por un minuto, agregue una cucharada de agua de cocción y finalmente, agregue el pesto de calabacín.

Mezclar todo bien para combinar la pasta con la salsa.

Nutrición (por 100 g): 776 Calorías 46 g Grasas 68 g Carbohidratos 22,5 g Proteínas 835 mg Sodio

Risotto de salmón

Tiempo de preparación: 10 minutos.

Hora de cocinar : 30 minutos

Porciones: 4

Nivel de dificultad: promedio

Ingredientes:

- 1 ¾ taza (12,3 oz) de arroz
- 8.8 oz de filetes de salmón
- 1 puerro
- Aceite de oliva virgen extra al gusto
- 1 diente de ajo
- ½ vaso de vino blanco
- 3 ½ cucharadas de Grana Padano rallado
- sal al gusto
- Pimienta negra al gusto
- 17 fl. oz (500 ml) de caldo de pescado
- 1 taza de mantequilla

Direcciones:

Empiece por limpiar el salmón y cortarlo en trozos pequeños. Cocine 1 cucharada de aceite en una sartén con un diente de ajo entero y dore el salmón por 2/3 minutos, agregue sal y reserve el salmón, quitando el ajo.

Ahora, empieza a preparar el risotto:

Cortar el puerro en trozos muy pequeños y dejar cocer a fuego lento en una sartén a fuego lento con dos cucharadas de aceite. Agregue el arroz y cocine por unos segundos a fuego medio-alto, revolviendo con una cuchara de madera.

Incorporamos el vino blanco y seguimos cocinando, removiendo de vez en cuando, procurando que el arroz no se pegue a la sartén, y añadimos el caldo (de verduras o pescado) poco a poco.

A la mitad de la cocción, agregue el salmón, la mantequilla y una pizca de sal si es necesario. Cuando el arroz esté bien cocido, retirar del fuego. Combinar con un par de cucharadas de Grana Padano rallado y servir.

Nutrición (por 100 g): 521 Calorías 13 g Grasas 82 g Carbohidratos 19 g Proteínas 839 mg Sodio

Pasta con Tomates Cherry y Anchoas

Tiempo de preparación: 15 minutos.

Hora de cocinar : 35 minutos

Porciones: 4

Nivel de dificultad: Fácil

Ingredientes:

- 10.5 oz de espagueti
- Tomates Cherry de 1.3 libras
- 9 oz de anchoas (previamente limpiadas)
- 2 cucharadas de alcaparras
- 1 diente de ajo
- 1 cebolla morada pequeña
- Perejil al gusto
- Aceite de oliva virgen extra al gusto
- Sal de mesa al gusto
- Pimienta negra al gusto
- Aceitunas negras al gusto

Direcciones:

Cortar el diente de ajo, obteniendo rodajas finas.

Cortar los tomates cherry en 2. Pelar la cebolla y cortarla en rodajas finas.

Poner un poco de aceite con el ajo y la cebolla en rodajas en un cazo. Calienta todo a fuego medio durante 5 minutos; revuelva de vez en cuando.

Una vez que todo esté bien aromatizado, añadir los tomates cherry y una pizca de sal y pimienta. Cocine por 15 minutos. Mientras tanto, coloque una olla con agua en el fuego y en cuanto hierva, agregue la sal y la pasta.

Una vez que la salsa esté casi lista, agregue las anchoas y cocine por un par de minutos. Revuelva suavemente.

Apaga el fuego, pica el perejil y colócalo en la sartén.

Cuando esté cocido, cuele la pasta y agregue directamente a la salsa. Vuelva a encender el fuego durante unos segundos.

Nutrición (por 100 g): 446 Calorías 10 g Grasas 66,1 g Carbohidratos 22,8 g Proteínas 934 mg Sodio

Orecchiette de brócoli y salchicha

Tiempo de preparación: 10 minutos.

Hora de cocinar : 32 minutos

Porciones: 4

Nivel de dificultad: promedio

Ingredientes:

- 11,5 oz de Orecchiette
- 10.5 Brócoli
- Salchicha de 10.5 oz
- 1,35 fl. oz (40 ml) de vino blanco
- 1 diente de ajo
- 2 ramitas de tomillo
- 7 cucharaditas de aceite de oliva virgen extra
- Pimienta negra al gusto
- Sal de mesa al gusto

Direcciones:

Hervir la olla llena de agua y sal. Retire los floretes de brócoli del tallo y córtelos por la mitad o 4 partes si son demasiado grandes; luego, póngalos en el agua hirviendo y tape la olla y cocine por 6-7 minutos.

Mientras tanto, pique finamente el tomillo y reserve. Sacar la tripa de la salchicha y con ayuda de un tenedor triturarla suavemente.

Sofreír el diente de ajo con un poco de aceite de oliva y añadir la salchicha. Después de unos segundos, agregue el tomillo y un poco de vino blanco.

Sin tirar el agua de cocción, retira los brócoli cocidos con ayuda de una espumadera y añádelos a la carne poco a poco. Cocine todo durante 3-4 minutos. Retire el ajo y agregue una pizca de pimienta negra.

Deja que el agua donde cocinaste el brócoli hierva, luego agrega la pasta y deja que se cocine. Una vez cocida la pasta, cuélala con una espumadera, transfiriéndola directamente a la salsa de brócoli y salchicha. Luego, mezcla bien, agrega pimienta negra y sofríe todo en la sartén por un par de minutos.

Nutrición (por 100 g): 683 Calorías 36 g Grasas 69,6 g Carbohidratos 20 g Proteínas 733 mg Sodio

Risotto de Radicchio y Tocino Ahumado

Tiempo de preparación: 10 minutos.

Hora de cocinar : 30 minutos

Porciones: 3

Nivel de dificultad: promedio

Ingredientes:

- 1 ½ taza de arroz
- Radicchio de 14 oz
- 5.3 oz de tocino ahumado
- 34 fl. oz (1 l) de caldo de verduras
- 3.4 fl. oz (100 ml) de vino tinto
- 7 cucharaditas de aceite de oliva virgen extra
- Chalotas de 1,7 oz
- Sal de mesa al gusto
- Pimienta negra al gusto
- 3 ramitas de tomillo

Direcciones:

Comencemos con la preparación del caldo de verduras.

Empiece por la achicoria: córtela por la mitad y retire la parte central (la parte blanca). Córtelo en tiras, enjuague bien y déjelo a un lado. Corta también el tocino ahumado en tiras pequeñas.

Picar finamente la chalota y colocarla en una sartén con un poco de aceite. Deja que hierva a fuego medio, agregando un cazo de caldo, luego agrega el tocino y deja que se dore.

Después de unos 2 minutos, agregue el arroz y tueste, revolviendo con frecuencia. En este punto, vierta el vino tinto a fuego alto.

Una vez que se haya evaporado todo el alcohol, continúe cocinando agregando un cazo de caldo a la vez. Deje secar el anterior antes de agregar otro, hasta que esté completamente cocido. Agrega sal y pimienta negra (depende de la cantidad que decidas agregar).

Al final de la cocción, agregue las tiras de achicoria. Mézclalos bien hasta que se mezclen con el arroz, pero sin cocinarlos. Agrega el tomillo picado.

Nutrición (por 100 g): 482 Calorías 17,5 g Grasas 68,1 g Carbohidratos 13 g Proteínas 725 mg Sodio

Pasta alla Genovese

Tiempo de preparación: 10 minutos.

Hora de cocinar : 25 minutos

Porciones: 3

Nivel de dificultad: promedio

Ingredientes:

- 11,5 oz de Ziti
- 1 libra de carne de res
- 2.2 libras de cebollas doradas
- 2 oz de apio
- 2 oz de zanahorias
- 1 manojo de perejil
- 3.4 fl. oz (100 ml) de vino blanco
- Aceite de oliva virgen extra al gusto
- Sal de mesa al gusto
- Pimienta negra al gusto
- Parmesano al gusto

Direcciones:

Para preparar la pasta empieza por:

Pelar y picar finamente las cebollas y las zanahorias. A continuación, lavar y picar finamente el apio (no tirar las hojas, que también hay que picarlas y reservarlas). A continuación, cambie a la carne, límpiela del exceso de grasa y córtela en 5/6 trozos grandes. Finalmente, ate las hojas de apio y la ramita de perejil con hilo de cocina para crear un ramillete fragante.

Llene abundante aceite en una sartén grande. Agrega la cebolla, el apio y la zanahoria (que previamente habías reservado) y déjalas cocer un par de minutos.

Luego, agregue los trozos de carne, una pizca de sal y el manojo fragante. Revuelva y cocine por unos minutos. A continuación, baje el fuego y cubra con una tapa.

Cocine por al menos 3 horas (no agregue agua ni caldo porque las cebollas soltarán todo el líquido necesario para evitar que se seque el fondo de la sartén). De vez en cuando, revise todo y revuelva.

Después de 3 horas de cocción, retire el manojo de hierbas, aumente un poco el fuego, agregue una parte del vino y revuelva.

Cocine la carne sin tapa durante aproximadamente una hora, revolviendo con frecuencia y agregando el vino cuando se seque el fondo de la sartén.

En este punto, coge un trozo de carne, córtalo en rodajas sobre una tabla de cortar y reserva. Pica el ziti y cocínalo en agua hirviendo con sal.

Una vez cocido, escúrrelo y colócalo de nuevo en la olla. Rocíe unas cucharadas de agua de cocción y revuelva. Colocar en un plato y agregar un poco de salsa y carne desmenuzada (la que reservamos en el paso 7). Agregue pimienta y parmesano rallado al gusto.

Nutrición (por 100 g): 450 Calorías 8 g Grasas 80 g Carbohidratos 14,5 g Proteínas 816 mg Sodio

Pasta de coliflor de Nápoles

Tiempo de preparación: 15 minutos.

Hora de cocinar : 35 minutos

Porciones: 3

Nivel de dificultad: promedio

Ingredientes:

- 10.5 oz de pasta
- 1 coliflor
- 3.4 fl. oz (100 ml) de puré de tomate
- 1 diente de ajo
- 1 ají
- 3 cucharadas de aceite de oliva extra virgen (o cucharaditas)
- Sal al gusto
- Pimienta al gusto

Direcciones:

Limpiar bien la coliflor: quitar las hojas exteriores y el tallo. Córtalo en floretes pequeños.

Pelar el diente de ajo, picarlo y dorarlo en una cacerola con el aceite y la guindilla.

Agrega el puré de tomate y los floretes de coliflor y déjalos dorar por unos minutos a fuego medio, luego cubre con unos cucharones de agua y cocina por 15-20 minutos o al menos hasta que la coliflor comience a ponerse cremosa.

Si ve que el fondo de la sartén está demasiado seco, agregue tanta agua como sea necesario para que la mezcla permanezca líquida.

En este punto, cubra la coliflor con agua caliente y, una vez que hierva, agregue la pasta.

Condimentar con sal y pimienta.

Nutrición (por 100 g): 458 Calorías 18 g Grasas 65 g Carbohidratos 9 g Proteínas 746 mg Sodio

Pasta e Fagioli con Naranja e Hinojo

Tiempo de preparación: 10 minutos.

Hora de cocinar : 30 minutos

Porciones: 5

Nivel de dificultad: Dificultad

Ingredientes:

- Aceite de oliva extra virgen - 1 cucharada. más extra para servir
- Pancetta - 2 onzas, finamente picada
- Cebolla - 1, picada fina
- Hinojo - 1 bulbo, tallos descartados, bulbo partido a la mitad, sin corazón y picado fino
- Apio - 1 costilla, picado
- Ajo - 2 dientes, picados
- Filetes de anchoa - 3, enjuagados y picados
- Orégano fresco picado - 1 cucharada.
- Cáscara de naranja rallada - 2 cucharaditas.
- Semillas de hinojo - ½ cucharadita.
- Hojuelas de pimiento rojo - ¼ de cucharadita.
- Tomates cortados en cubitos - 1 lata (28 onzas)
- Queso parmesano: 1 cáscara y más para servir
- Frijoles Cannellini - 1 lata (7 onzas), enjuagada
- Caldo de pollo - 2 ½ tazas
- Agua - 2 ½ tazas
- Sal y pimienta

- Orzo - 1 taza
- Perejil fresco picado - ¼ taza

Direcciones:

Caliente el aceite en un horno holandés a fuego medio. Agrega panceta. Sofría de 3 a 5 minutos o hasta que empiece a dorarse. Agregue el apio, el hinojo y la cebolla y saltee hasta que se ablanden (aproximadamente de 5 a 7 minutos).

Agregue las hojuelas de pimienta, las semillas de hinojo, la ralladura de naranja, el orégano, las anchoas y el ajo. Cocine por 1 minuto. Agregue los tomates y su jugo. Agregue la cáscara de parmesano y los frijoles.

Cocine a fuego lento y cocine por 10 minutos. Agregue el agua, el caldo y 1 cucharadita. sal. Déjelo hervir a fuego alto. Agregue la pasta y cocine hasta que esté al dente.

Retirar del fuego y desechar la cáscara de parmesano.

Agregue el perejil y sazone con sal y pimienta al gusto. Vierta un poco de aceite de oliva y cubra con parmesano rallado. Atender.

Nutrición (por 100 g): 502 Calorías 8.8 g Grasas 72.2 g Carbohidratos 34.9 g Proteínas 693 mg Sodio

Espaguetis al Limone

Tiempo de preparación: 10 minutos.

Hora de cocinar : 15 minutos

Porciones: 6

Nivel de dificultad: Fácil

Ingredientes:

- Aceite de oliva extra virgen - ½ taza
- Cáscara de limón rallada - 2 cucharaditas.
- Jugo de limón - 1/3 taza
- Ajo - 1 diente, picado para patear
- Sal y pimienta
- Queso parmesano - 2 onzas, rallado
- Espaguetis - 1 libra
- Albahaca fresca rallada - 6 cucharadas.

Direcciones:

En un tazón, bata el ajo, el aceite, la ralladura de limón, el jugo, ½ cucharadita. sal y ¼ de cucharadita. pimienta. Agregue el parmesano y mezcle hasta que esté cremoso.

Mientras tanto, cocine la pasta de acuerdo con las instrucciones del paquete. Escurre y reserva ½ taza de agua de cocción. Agregue la mezcla de aceite y la albahaca a la pasta y revuelva para combinar. Sazone bien y agregue el agua de cocción según sea necesario. Atender.

Nutrición (por 100 g): 398 Calorías 20,7 g Grasas 42,5 g Carbohidratos 11,9 g Proteínas 844 mg Sodio

Cuscús De Verduras Con Especias

Tiempo de preparación: 10 minutos.

Hora de cocinar : 20 minutos

Porciones: 6

Nivel de dificultad: Difícil

Ingredientes:

- Coliflor - 1 cabeza, cortada en floretes de 1 pulgada
- Aceite de oliva extra virgen - 6 cucharadas. más extra para servir
- Sal y pimienta
- Cuscús - 1 ½ tazas
- Calabacín - 1, cortado en trozos de ½ pulgada
- Pimiento rojo - 1, sin tallo, sin semillas y cortado en trozos de ½ pulgada
- Ajo - 4 dientes, picados
- Ras el hanout - 2 cucharaditas
- Ralladura de limón -1 cdta. más rodajas de limón para servir
- Caldo de pollo - 1 ¾ tazas
- Mejorana fresca picada - 1 cucharada.

Direcciones:

En una sartén, caliente 2 cucharadas. aceite a fuego medio. Agregue las coliflores, ¾ cucharadita. sal y ½ cucharadita. pimienta. Mezcla. Cocine hasta que los floretes se pongan marrones y los bordes estén translúcidos.

Retire la tapa y cocine, revolviendo durante 10 minutos, o hasta que los floretes se doren. Transfiera a un tazón y limpie la sartén. Calentar 2 cucharadas. aceite en la sartén.

Agrega el cuscús. Cocine y continúe revolviendo durante 3 a 5 minutos, o hasta que los granos comiencen a dorarse. Transfiera a un tazón y limpie la sartén. Caliente las 3 cucharadas restantes. aceite en la sartén y agregue el pimiento morrón, el calabacín y ½ cucharadita. sal. Cocine por 8 minutos.

Agregue la ralladura de limón, el ras el hanout y el ajo. Cocine hasta que esté fragante (unos 30 segundos). Coloque en el caldo y cocine a fuego lento. Agrega el cuscús. Retirar del fuego y reservar hasta que estén tiernos.

Agrega la mejorana y la coliflor; luego esponje suavemente con un tenedor para incorporar. Rocíe con aceite extra y sazone bien. Sirve con rodajas de limón.

Nutrición (por 100 g): 787 Calorías 18,3 g Grasas 129,6 g Carbohidratos 24,5 g Proteínas 699 mg Sodio

Arroz al Horno Especiado con Hinojo

Tiempo de preparación: 10 minutos.

Hora de cocinar : 45 minutos

Porciones: 8

Nivel de dificultad: promedio

Ingredientes:

- Batatas - 1 ½ libras, peladas y cortadas en trozos de 1 pulgada
- Aceite de oliva extra virgen - ¼ de taza
- Sal y pimienta
- Hinojo - 1 bulbo, finamente picado
- Cebolla pequeña - 1, picada fina
- Arroz blanco de grano largo - 1 ½ tazas, enjuagado
- Ajo - 4 dientes, picados
- Ras el hanout - 2 cucharaditas
- Caldo de pollo - 2 ¾ tazas
- Aceitunas verdes curadas en salmuera grandes sin hueso - ¾ taza, cortadas por la mitad
- Cilantro fresco picado - 2 cucharadas.
- Rodajas de limón

Direcciones:

Coloque la rejilla del horno en el medio y precaliente el horno a 400F. Mezcle las papas con ½ cucharadita. sal y 2 cucharadas. petróleo.

Coloque las papas en una sola capa en una bandeja para hornear con borde y ase durante 25 a 30 minutos, o hasta que estén tiernas. Revuelva las papas a la mitad del asado.

Saque las papas y baje la temperatura del horno a 350F. En un horno holandés, caliente las 2 cucharadas restantes. aceite a fuego medio.

Agrega la cebolla y el hinojo; a continuación, cocine de 5 a 7 minutos o hasta que se ablanden. Agregue el ras el hanout, el ajo y el arroz. Sofreír durante 3 minutos.

Agregue las aceitunas y el caldo y deje reposar durante 10 minutos. Agregue las papas al arroz y revuelva suavemente con un tenedor para combinar. Sazone con sal y pimienta al gusto. Adorne con cilantro y sirva con rodajas de lima.

Nutrición (por 100 g): 207 Calorías 8,9 g Grasas 29,4 g Carbohidratos 3,9 g Proteínas 711 mg Sodio

Cuscús al estilo marroquí con garbanzos

Tiempo de preparación: 5 minutos.

Hora de cocinar : 18 minutos

Porciones: 6

Nivel de dificultad: promedio

Ingredientes:

- Aceite de oliva extra virgen - ¼ de taza, extra para servir
- Cuscús - 1 ½ tazas
- Zanahorias finas peladas y picadas - 2
- Cebolla fina picada - 1
- Sal y pimienta
- Ajo - 3 dientes, picados
- Cilantro molido - 1 cucharadita.
- Jengibre molido - cucharadita.
- Semilla de anís molida - ¼ de cucharadita.
- Caldo de pollo - 1 ¾ tazas
- Garbanzos - 1 lata (de 15 onzas), enjuagada
- Guisantes congelados - 1 ½ tazas
- Perejil o cilantro fresco picado - ½ taza
- Rodajas de limón

Direcciones:

Calentar 2 cucharadas. aceite en una sartén a fuego medio. Mezcle el cuscús y cocine de 3 a 5 minutos, o hasta que comience a dorarse. Transfiera a un tazón y limpie la sartén.

Caliente las 2 cucharadas restantes. aceite en la sartén y agregue la cebolla, las zanahorias y 1 cucharadita. sal. Cocine de 5 a 7 minutos. Agregue el anís, el jengibre, el cilantro y el ajo. Cocine hasta que esté fragante (unos 30 segundos).

Combinar los garbanzos y el caldo y dejar hervir a fuego lento. Agregue el cuscús y los guisantes. Tapar y retirar del fuego. Reserva hasta que el cuscús esté tierno.

Agrega el perejil al cuscús y pelusa con un tenedor para combinar. Rocíe con aceite extra y sazone bien. Sirve con rodajas de limón.

Nutrición (por 100 g): 649 Calorías 14,2 g Grasas 102,8 g Carbohidratos 30,1 g Proteínas 812 mg Sodio

Paella Vegetariana con Judías Verdes y Garbanzos

Tiempo de preparación: 10 minutos.

Hora de cocinar : 35 minutos

Porciones: 4

Nivel de dificultad: Fácil

Ingredientes:

- Pizca de azafrán
- Caldo de verduras - 3 tazas
- Aceite de oliva - 1 cucharada.
- Cebolla amarilla - 1 grande, cortada en cubitos
- Ajo - 4 dientes, en rodajas
- Pimiento rojo - 1, cortado en cubitos
- Tomates triturados - ¾ taza, frescos o enlatados
- Pasta de tomate - 2 cucharadas.
- Pimentón picante - 1 ½ cucharadita.
- Sal - 1 cucharadita.
- Pimienta negra recién molida - ½ cucharadita.
- Judías verdes - 1 ½ tazas, cortadas y cortadas por la mitad
- Garbanzos - 1 lata (15 onzas), escurrida y enjuagada
- Arroz blanco de grano corto - 1 taza
- Limón - 1, cortado en gajos

Direcciones:

Mezclar las hebras de azafrán con 3 cucharadas. agua tibia en un tazón pequeño. En una cacerola, cocine a fuego lento el agua a fuego medio. Reducir el fuego y dejar hervir a fuego lento.

Cocina el aceite en una sartén a fuego medio. Incorpora la cebolla y sofríe durante 5 minutos. Agrega el pimiento morrón y el ajo y sofríe durante 7 minutos o hasta que el pimiento se ablande. Agregue la mezcla de azafrán y agua, sal, pimienta, pimentón, pasta de tomate y tomates.

Agrega el arroz, los garbanzos y las judías verdes. Agregue el caldo tibio y deje hervir. Baje el fuego y cocine a fuego lento sin tapar durante 20 minutos.

Sirva caliente, adornado con rodajas de limón.

Nutrición (por 100 g): 709 Calorías 12 g Grasas 121 g Carbohidratos 33 g Proteínas 633 mg Sodio

Langostinos al Ajillo con Tomate y Albahaca

Tiempo de preparación: 10 minutos.

Hora de cocinar : 10 minutos

Porciones: 4

Nivel de dificultad: Fácil

Ingredientes:

- Aceite de oliva - 2 cucharadas.
- Langostinos - 1 ¼ libras, pelados y desvenados
- Ajo - 3 dientes, picados
- Hojuelas de pimiento rojo triturado - 1/8 cucharadita.
- Vino blanco seco - ¾ taza
- Tomates uva - 1 ½ tazas
- Albahaca fresca finamente picada - ¼ de taza, y más para decorar
- Sal - ¾ cucharadita
- Pimienta negra molida - ½ cucharadita.

Direcciones:

En una sartén, calienta el aceite a fuego medio-alto. Agregue las gambas y cocine por 1 minuto, o hasta que estén bien cocidas. Transfiera a un plato.

Coloque las hojuelas de pimiento rojo y el ajo en el aceite en la sartén y cocine, revolviendo, durante 30 segundos. Agregue el vino y cocine hasta que se reduzca aproximadamente a la mitad.

Agregue los tomates y saltee hasta que los tomates comiencen a romperse (aproximadamente de 3 a 4 minutos). Agregue los camarones reservados, la sal, la pimienta y la albahaca. Cocine de 1 a 2 minutos más.

Sirve adornado con la albahaca restante.

Nutrición (por 100 g): 282 Calorías 10 g Grasas 7 g Carbohidratos 33 g Proteínas 593 mg Sodio

Paella de camarones

Tiempo de preparación: 10 minutos.

Hora de cocinar : 25 minutos

Porciones: 4

Nivel de dificultad: promedio

Ingredientes:

- Aceite de oliva - 2 cucharadas.
- Cebolla mediana - 1, cortada en cubitos
- Pimiento rojo - 1, cortado en cubitos
- Ajo - 3 dientes, picados
- Pizca de azafrán
- Pimentón picante - ¼ de cucharadita.
- Sal - 1 cucharadita.
- Pimienta negra recién molida - ½ cucharadita.
- Caldo de pollo - 3 tazas, divididas
- Arroz blanco de grano corto - 1 taza
- Camarones grandes pelados y desvenados - 1 libra
- Guisantes congelados - 1 taza, descongelados

Direcciones:

Caliente el aceite de oliva en una sartén. Agrega la cebolla y el pimiento y sofríe durante 6 minutos o hasta que se ablanden. Agrega la sal, la pimienta, el pimentón, el azafrán y el ajo y mezcla. Agregue 2 ½ tazas de caldo y arroz.

Deje que la mezcla hierva, luego cocine a fuego lento hasta que el arroz esté cocido, aproximadamente 12 minutos. Coloque los camarones y los guisantes sobre el arroz y agregue la ½ taza de caldo restante.

Vuelva a colocar la tapa en la sartén y cocine hasta que todos los camarones estén bien cocidos (aproximadamente 5 minutos). Atender.

Nutrición (por 100 g): 409 Calorías 10 g Grasas 51 g Carbohidratos 25 g Proteínas 693 mg Sodio

Ensalada de Lentejas con Aceitunas, Menta y Feta

Tiempo de preparación: 60 minutos.

Hora de cocinar : 60 minutos

Porciones: 6

Nivel de dificultad: promedio

Ingredientes:

- Sal y pimienta
- Lentejas francesas - 1 taza, recogidas y enjuagadas
- Ajo - 5 dientes, ligeramente triturados y pelados
- Hoja de laurel - 1
- Aceite de oliva extra virgen - 5 cucharadas.
- Vinagre de vino blanco - 3 cucharadas.
- Aceitunas Kalamata sin hueso - ½ taza, picadas
- Menta fresca picada - ½ taza
- Chalota - 1 grande, picada
- Queso feta - 1 onza, desmenuzado

Direcciones:

Agregue 4 tazas de agua tibia y 1 cucharadita. sal en un bol. Agrega las lentejas y déjalas en remojo a temperatura ambiente durante 1 hora. Escurrir bien.

Coloque la rejilla del horno en el medio y caliente el horno a 325F. Combine las lentejas, 4 tazas de agua, el ajo, la hoja de laurel y ½ cucharadita. sal en una cacerola. Tape y coloque la cacerola en el horno y cocine de 40 a 60 minutos, o hasta que las lentejas estén tiernas.

Escurrimos bien las lentejas, desechando el ajo y el laurel. En un tazón grande, batir el aceite y el vinagre. Agregue la chalota, la menta, las aceitunas y las lentejas y mezcle para combinar.

Sazone con sal y pimienta al gusto. Coloque bien en el plato para servir y decore con queso feta. Atender.

Nutrición (por 100 g): 249 Calorías 14,3 g Grasas 22,1 g Carbohidratos 9,5 g Proteínas 885 mg Sodio

Garbanzos con Ajo y Perejil

Tiempo de preparación: 5 minutos.

Hora de cocinar : 20 minutos

Porciones: 6

Nivel de dificultad: promedio

Ingredientes:

- Aceite de oliva extra virgen - ¼ de taza
- Ajo - 4 dientes, en rodajas finas
- Hojuelas de pimiento rojo - 1/8 cucharadita.
- Cebolla - 1, picada
- Sal y pimienta
- Garbanzos - 2 latas (de 15 onzas), enjuagadas
- Caldo de pollo - 1 taza
- Perejil fresco picado - 2 cucharadas.
- Jugo de limón - 2 cucharaditas

Direcciones:

En una sartén, agregue 3 cucharadas. aceite y cocine el ajo y las hojuelas de pimienta durante 3 minutos. Agregue la cebolla y ¼ de cucharadita. sal y cocine de 5 a 7 minutos.

Mezcle los garbanzos y el caldo y cocine a fuego lento. Baje el fuego y cocine a fuego lento durante 7 minutos, tapado.

Destape y ajuste el fuego a alto y cocine por 3 minutos, o hasta que todo el líquido se haya evaporado. Reservar y mezclar con el jugo de limón y el perejil.

Sazone con sal y pimienta al gusto. Rocíe con 1 cucharada. aceite y sirva.

Nutrición (por 100 g): 611 Calorías 17,6 g Grasas 89,5 g Carbohidratos 28,7 g Proteínas 789 mg Sodio

Garbanzos Guisados con Berenjena y Tomate

Tiempo de preparación: 10 minutos.

Hora de cocinar : 60 minutos

Porciones: 6

Nivel de dificultad: Fácil

Ingredientes:

- Aceite de oliva extra virgen - ¼ de taza
- Cebollas - 2, picadas
- Pimiento verde - 1, picado fino
- Sal y pimienta
- Ajo - 3 dientes, picados
- Orégano fresco picado - 1 cucharada.
- Hojas de laurel - 2
- Berenjena - 1 libra, cortada en trozos de 1 pulgada
- Tomates enteros pelados - 1 lata, escurridos con el jugo reservado, picados
- Garbanzos - 2 latas (de 15 onzas), escurridas con 1 taza de líquido reservado

Direcciones:

Coloque la rejilla del horno en la parte inferior media y caliente el horno a 400F. Caliente el aceite en el horno holandés. Agregue el pimiento morrón, la cebolla, ½ cucharadita. sal y ¼ de cucharadita. pimienta. Sofreír durante 5 minutos.

Agregue 1 cucharadita. orégano, ajo y hojas de laurel y cocine por 30 segundos. Agregue los tomates, la berenjena, el jugo reservado, los garbanzos y el líquido reservado y deje hervir. Transfiera la olla al horno y cocine, sin tapar, de 45 a 60 minutos. Revolviendo dos veces.

Desecha las hojas de laurel. Agregue las 2 cucharaditas restantes. orégano y sazone con sal y pimienta. Atender.

Nutrición (por 100 g): 642 Calorías 17,3 g Grasas 93,8 g Carbohidratos 29,3 g Proteínas 983 mg Sodio

Arroz griego con limón

Tiempo de preparación: 20 minutos.

Hora de cocinar : 45 minutos

Porciones: 6

Nivel de dificultad: promedio

Ingredientes:

- Arroz de grano largo: 2 tazas, sin cocer (remojado en agua fría durante 20 minutos, luego escurrido)
- Aceite de oliva virgen extra - 3 cucharadas.
- Cebolla amarilla - 1 mediana, picada
- Ajo - 1 diente, picado
- Pasta orzo - ½ taza
- Jugo de 2 limones, más ralladura de 1 limón
- Caldo bajo en sodio - 2 tazas
- Pizca de sal
- Perejil picado - 1 puñado grande
- Eneldo - 1 cucharadita.

Direcciones:

En una cacerola, caliente 3 cucharadas. aceite de oliva virgen extra. Agrega las cebollas y sofríe de 3 a 4 minutos. Agregue la pasta orzo y el ajo y revuelva para mezclar.

Luego agregue el arroz para cubrir. Agrega el caldo y el jugo de limón. Llevar a ebullición y bajar el fuego. Tape y cocine por unos 20 minutos.

Retirar del fuego. Cubra y deje reposar por 10 minutos. Destape y agregue la ralladura de limón, el eneldo y el perejil. Atender.

Nutrición (por 100 g): 145 Calorías 6,9 g Grasas 18,3 g Carbohidratos 3,3 g Proteínas 893 mg Sodio

Arroz con ajo y hierbas

Tiempo de preparación: 10 minutos.

Hora de cocinar : 30 minutos

Porciones: 4

Nivel de dificultad: Fácil

Ingredientes:

- Aceite de oliva extra virgen - ½ taza, cantidad dividida
- Dientes de ajo grandes - 5, picados
- Arroz jazmín integral - 2 tazas
- Agua - 4 tazas
- Sal marina - 1 cucharadita.
- Pimienta negra - 1 cucharadita.
- Cebollino fresco picado - 3 cucharadas.
- Perejil fresco picado - 2 cucharadas.
- Albahaca fresca picada - 1 cucharada.

Direcciones:

En una cacerola, agregue ¼ de taza de aceite de oliva, ajo y arroz. Revuelva y caliente a fuego medio. Agregue el agua, la sal marina y la pimienta negra. A continuación, vuelva a mezclar.

Llevar a ebullición y bajar el fuego. Cocine a fuego lento, sin tapar, revolviendo ocasionalmente.

Cuando el agua esté casi absorbida, mezcle el ¼ de taza de aceite de oliva restante, junto con la albahaca, el perejil y las cebolletas.

Remueve hasta que se incorporen las hierbas y se absorba toda el agua.

Nutrición (por 100 g): 304 Calorías 25,8 g Grasas 19,3 g Carbohidratos 2 g Proteína 874 mg Sodio

Ensalada Mediterránea De Arroz

Tiempo de preparación: 10 minutos.

Hora de cocinar : 25 minutos

Porciones: 4

Nivel de dificultad: promedio

Ingredientes:

- Aceite de oliva virgen extra - ½ taza, cantidad dividida
- Arroz integral de grano largo - 1 taza
- Agua - 2 tazas
- Jugo de limón fresco - ¼ de taza
- Diente de ajo - 1, picado
- Romero fresco picado - 1 cucharadita.
- Menta fresca picada - 1 cucharadita.
- Endivias belgas - 3, picadas
- Pimiento rojo - 1 mediano, picado
- Pepino de invernadero - 1, picado
- Cebolla verde entera picada - ½ taza
- Aceitunas Kalamata picadas - ½ taza
- Hojuelas de pimiento rojo - ¼ de cucharadita.
- Queso feta desmenuzado - ¾ taza
- Sal marina y pimienta negra

Direcciones:

Caliente ¼ de taza de aceite de oliva, arroz y una pizca de sal en una cacerola a fuego lento. Revuelva para cubrir el arroz. Agrega el agua y deja hervir a fuego lento hasta que se absorba el agua. Revolviendo ocasionalmente. Vierta el arroz en un tazón grande y deje enfriar.

En otro tazón, mezcle el ¼ de taza restante de aceite de oliva, hojuelas de pimiento rojo, aceitunas, cebolla verde, pepino, pimiento morrón, endivias, menta, romero, ajo y jugo de limón.

Coloque el arroz en la mezcla y revuelva para combinar. Mezcle suavemente el queso feta.

Prueba y ajusta el sazón. Atender.

Nutrición (por 100 g): 415 Calorías 34 g Grasas 28,3 g Carbohidratos 7 g Proteínas 4755 mg Sodio

Ensalada De Frijoles Frescos Y Atún

Tiempo de preparación: 5 minutos.

Hora de cocinar : 20 minutos

Porciones: 6

Nivel de dificultad: Fácil

Ingredientes:

- Frijoles frescos sin cáscara (sin cáscara) - 2 tazas
- Hojas de laurel - 2
- Aceite de oliva extra virgen - 3 cucharadas.
- Vinagre de vino tinto - 1 cucharada.
- Sal y pimienta negra
- Atún de la mejor calidad: 1 lata (6 onzas) envasada en aceite de oliva
- Alcaparras saladas - 1 cucharada. empapado y seco
- Perejil de hoja plana finamente picado - 2 cucharadas.
- Cebolla roja - 1, en rodajas

Direcciones:

Hervir agua ligeramente salada en una olla. Agrega los frijoles y las hojas de laurel; a continuación, cocine de 15 a 20 minutos, o hasta que los frijoles estén tiernos pero aún firmes. Escurre, desecha los aromáticos y transfiere a un tazón.

Inmediatamente aliñe los frijoles con vinagre y aceite. Agrega la sal y la pimienta negra. Mezclar bien y ajustar el condimento. Escurrir el atún y desmenuzar la pulpa del atún en la ensalada de frijoles. Agrega el perejil y las alcaparras. Mezcle para mezclar y esparcir las rodajas de cebolla roja por encima. Atender.

Nutrición (por 100 g): 85 Calorías 7,1 g Grasas 4,7 g Carbohidratos 1,8 g Proteínas 863 mg Sodio

Pasta De Pollo Deliciosa

Tiempo de preparación: 10 minutos.

Hora de cocinar : 17 minutos

Porciones: 4

Nivel de dificultad: Fácil

Ingredientes:

- 3 pechugas de pollo, sin piel, deshuesadas, cortadas en trozos
- 9 oz de pasta integral
- 1/2 taza de aceitunas en rodajas
- 1/2 taza de tomates secos
- 1 cucharada de pimientos rojos asados, picados
- 14 oz lata de tomate, cortado en cubitos
- 2 tazas de salsa marinara
- 1 taza de caldo de pollo
- Pimienta
- Sal

Direcciones:

Agregue todos los ingredientes, excepto la pasta integral, en la olla instantánea.

Selle la tapa y cocine a fuego alto durante 12 minutos.

Una vez hecho esto, deje que se libere la presión de forma natural. Quite la tapa.

Agregue la pasta y revuelva bien. Vuelva a sellar la olla, seleccione manual y configure el temporizador durante 5 minutos.

Cuando termine, libere la presión durante 5 minutos y luego libere el resto con una liberación rápida. Quite la tapa. Revuelva bien y sirva.

Nutrición (por 100 g): 615 Calorías 15,4 g Grasas 71 g Carbohidratos 48 g Proteínas 631 mg Sodio

Tazón de arroz Flavors Taco

Tiempo de preparación: 10 minutos.

Hora de cocinar : 14 minutos

Porciones: 8

Nivel de dificultad: promedio

Ingredientes:

- 1 libra de carne molida
- 8 oz de queso cheddar, rallado
- Lata de 14 oz de frijoles rojos
- 2 oz de condimento para tacos
- 16 oz de salsa
- 2 tazas de agua
- 2 tazas de arroz integral
- Pimienta
- Sal

Direcciones:

Pon la olla instantánea en modo saltear.

Agregue la carne a la olla y saltee hasta que se dore.

Agregue agua, frijoles, arroz, condimento para tacos, pimienta y sal y revuelva bien.

Cubra con salsa. Cierre la tapa y cocine a fuego alto durante 14 minutos.

Una vez hecho esto, libere la presión usando la liberación rápida. Quite la tapa.

Mezcle el queso cheddar y revuelva hasta que el queso se derrita.

Servir y disfrutar.

Nutrición (por 100 g): 464 Calorías 15,3 g Grasas 48,9 g Carbohidratos 32,2 g Proteínas 612 mg Sodio

Sabrosos macarrones con queso

Tiempo de preparación: 10 minutos.

Hora de cocinar : 10 minutos

Porciones: 6

Nivel de dificultad: Fácil

Ingredientes:

- 16 oz de pasta de codo integral
- 4 tazas de agua
- 1 taza de tomate, cortado en cubitos
- 1 cucharadita de ajo picado
- 2 cucharadas de aceite de oliva
- 1/4 taza de cebollas verdes picadas
- 1/2 taza de queso parmesano rallado
- 1/2 taza de queso mozzarella rallado
- 1 taza de queso cheddar rallado
- 1/4 taza de passata
- 1 taza de leche de almendras sin azúcar
- 1 taza de alcachofa marinada, cortada en cubitos
- 1/2 taza de tomates secados al sol, en rodajas
- 1/2 taza de aceitunas en rodajas
- 1 cucharadita de sal

Direcciones:

Agregue la pasta, el agua, los tomates, el ajo, el aceite y la sal en la olla instantánea y revuelva bien. Tape la tapa y cocine a fuego alto.

Una vez hecho esto, libere la presión durante unos minutos y luego libere el resto con una descarga rápida. Quite la tapa.

Pon la olla en modo saltear. Agregue la cebolla verde, el queso parmesano, el queso mozzarella, el queso cheddar, la pasta, la leche de almendras, la alcachofa, los tomates secados al sol y la aceituna. Mezclar bien.

Revuelva bien y cocine hasta que el queso se derrita.

Servir y disfrutar.

Nutrición (por 100 g): 519 Calorías 17,1 g Grasas 66,5 g Carbohidratos 25 g Proteínas 588 mg Sodio

Arroz con pepino y oliva

Tiempo de preparación: 10 minutos.

Hora de cocinar : 10 minutos

Porciones: 8

Nivel de dificultad: promedio

Ingredientes:

- 2 tazas de arroz enjuagado
- 1/2 taza de aceitunas, sin hueso
- 1 taza de pepino picado
- 1 cucharada de vinagre de vino tinto
- 1 cucharadita de ralladura de limón rallada
- 1 cucharada de jugo de limón fresco
- 2 cucharadas de aceite de oliva
- 2 tazas de caldo de verduras
- 1/2 cucharadita de orégano seco
- 1 pimiento rojo picado
- 1/2 taza de cebolla picada
- 1 cucharada de aceite de oliva
- Pimienta
- Sal

Direcciones:

Agregue aceite en la olla interior de la olla instantánea y seleccione la olla en modo saltear. Agrega la cebolla y sofríe por 3 minutos.

Agregue el pimiento morrón y el orégano y saltee durante 1 minuto.

Agregue el arroz y el caldo y revuelva bien. Selle la tapa y cocine a fuego alto durante 6 minutos. Una vez hecho esto, deje que la presión se libere durante 10 minutos y luego suelte el resto con una liberación rápida. Quite la tapa.

Agregue los ingredientes restantes y revuelva todo bien para mezclar. Sirve inmediatamente y disfrútalo.

Nutrición (por 100 g): 229 Calorías 5.1g Grasas 40.2g Carbohidratos 4.9g Proteínas 210mg Sodio

Sabores Risotto de Hierbas

Tiempo de preparación: 10 minutos.

Hora de cocinar : 15 minutos

Porciones: 4

Nivel de dificultad: promedio

Ingredientes:

- 2 tazas de arroz
- 2 cucharadas de queso parmesano rallado
- 3.5 oz de crema espesa
- 1 cucharada de orégano fresco picado
- 1 cucharada de albahaca fresca picada
- 1/2 cucharada de salvia picada
- 1 cebolla picada
- 2 cucharadas de aceite de oliva
- 1 cucharadita de ajo picado
- 4 tazas de caldo de verduras
- Pimienta
- Sal

Direcciones:

Agregue aceite en el recipiente interior de la olla instantánea y haga clic en la olla en modo saltear. Agregue el ajo y la cebolla a la olla interior de la olla instantánea y presione la olla en modo saltear. Agregue el ajo y la cebolla y saltee durante 2-3 minutos.

Agregue los ingredientes restantes, excepto el queso parmesano y la crema espesa, y revuelva bien. Selle la tapa y cocine a fuego alto durante 12 minutos.

Una vez hecho esto, descargue la presión durante 10 minutos y luego suelte el resto con una liberación rápida. Quite la tapa. Agregue la crema y el queso y sirva.

Nutrición (por 100 g): 514 Calorías 17,6 g Grasas 79,4 g Carbohidratos 8,8 g Proteínas 488 mg Sodio

Deliciosa Pasta Primavera

Tiempo de preparación: 10 minutos.

Hora de cocinar : 4 minutos

Porciones: 4

Nivel de dificultad: Fácil

Ingredientes:

- 8 oz de pasta penne de trigo integral
- 1 cucharada de jugo de limón fresco
- 2 cucharadas de perejil fresco picado
- 1/4 taza de almendras en rodajas
- 1/4 taza de queso parmesano rallado
- 14 oz lata de tomate, cortado en cubitos
- 1/2 taza de ciruelas pasas
- 1/2 taza de calabacín picado
- 1/2 taza de espárragos
- 1/2 taza de zanahorias picadas
- 1/2 taza de brócoli picado
- 1 3/4 tazas de caldo de verduras
- Pimienta
- Sal

Direcciones:

Agregue caldo, pars, tomates, ciruelas pasas, calabacín, espárragos, zanahorias y brócoli en la olla instantánea y revuelva bien. Cierre y cocine a fuego alto durante 4 minutos. Una vez hecho esto, libere la presión usando la liberación rápida. Saque la tapa. Revuelva bien los ingredientes restantes y sirva.

Nutrición (por 100 g): 303 Calorías 2,6 g Grasas 63,5 g Carbohidratos 12,8 g Proteínas 918 mg Sodio

Pasta de pimiento asado

Tiempo de preparación: 10 minutos.

Hora de cocinar : 13 minutos

Porciones: 6

Nivel de dificultad: promedio

Ingredientes:

- 1 libra de pasta penne de trigo integral
- 1 cucharada de condimento italiano
- 4 tazas de caldo de verduras
- 1 cucharada de ajo picado
- 1/2 cebolla picada
- Tarro de 14 oz de pimientos rojos asados
- 1 taza de queso feta, desmenuzado
- 1 cucharada de aceite de oliva
- Pimienta
- Sal

Direcciones:

Agregue el pimiento asado en la licuadora y mezcle hasta que quede suave. Agregue aceite en la olla interior de la olla instantánea y ponga la jarra en modo saltear. Agregue el ajo y la cebolla en la taza interior de la olla instantánea y coloque la olla en saltear. Agregue el ajo y la cebolla y saltee durante 2-3 minutos.

Agregue el pimiento asado licuado y saltee durante 2 minutos.

Agregue los ingredientes restantes, excepto el queso feta, y revuelva bien. Selle bien y cocine a fuego alto durante 8 minutos. Cuando termine, libere la presión de forma natural durante 5 minutos y luego libere el resto con una liberación rápida. Quite la tapa. Cubra con queso feta y sirva.

Nutrición (por 100 g): 459 Calorías 10,6 g Grasas 68,1 g Carbohidratos 21,3 g Proteínas 724 mg Sodio

Arroz con tomate, albahaca y queso

Tiempo de preparación: 10 minutos.

Hora de cocinar : 26 minutos

Porciones: 8

Nivel de dificultad: promedio

Ingredientes:

- 1 1/2 tazas de arroz integral
- 1 taza de queso parmesano rallado
- 1/4 taza de albahaca fresca picada
- 2 tazas de tomates uva, cortados por la mitad
- 8 oz lata de salsa de tomate
- 1 3/4 taza de caldo de verduras
- 1 cucharada de ajo picado
- 1/2 taza de cebolla picada
- 1 cucharada de aceite de oliva
- Pimienta
- Sal

Direcciones:

Agregue aceite en el recipiente interior de la olla instantánea y seleccione la olla para saltear. Ponga el ajo y la cebolla en el recipiente interior de la olla instantánea y póngalo a saltear. Mezcle el ajo y la cebolla y saltee durante 4 minutos. Agregue el arroz, la salsa de tomate, el caldo, la pimienta y la sal y revuelva bien.

Selle y cocine a fuego alto durante 22 minutos.

Una vez hecho esto, deje que suelte la presión durante 10 minutos y luego suelte el resto con una liberación rápida. Quite la tapa. Agregue los ingredientes restantes y mezcle. Servir y disfrutar.

Nutrición (por 100 g): 208 Calorías 5.6g Grasas 32.1g Carbohidratos 8.3g Proteínas 863mg Sodio

Macarrones con queso

Tiempo de preparación: 10 minutos.

Hora de cocinar : 4 minutos

Porciones: 8

Nivel de dificultad: Fácil

Ingredientes:

- 1 libra de pasta integral
- 1/2 taza de queso parmesano rallado
- 4 tazas de queso cheddar, rallado
- 1 taza de leche
- 1/4 cucharadita de ajo en polvo
- 1/2 cucharadita de mostaza molida
- 2 cucharadas de aceite de oliva
- 4 tazas de agua
- Pimienta
- Sal

Direcciones:

Agregue pasta, ajo en polvo, mostaza, aceite, agua, pimienta y sal en la olla instantánea. Selle herméticamente y cocine a fuego alto durante 4 minutos. Cuando termine, libere la presión usando la liberación rápida. Tapa abierta. Ponga los ingredientes restantes y revuelva bien y sirva.

Nutrición (por 100 g): 509 Calorías 25,7 g Grasas 43,8 g Carbohidratos 27,3 g Proteínas 766 mg Sodio

Pasta de atún

Tiempo de preparación: 10 minutos.

Hora de cocinar : 8 minutos

Porciones: 6

Nivel de dificultad: promedio

Ingredientes:

- Lata de 10 oz de atún, escurrido
- 15 oz de pasta rotini integral
- 4 oz de queso mozzarella, cortado en cubos
- 1/2 taza de queso parmesano rallado
- 1 cucharadita de albahaca seca
- 14 oz lata de tomate
- 4 tazas de caldo de verduras
- 1 cucharada de ajo picado
- 200 g de champiñones, en rodajas
- 2 calabacines en rodajas
- 1 cebolla picada
- 2 cucharadas de aceite de oliva
- Pimienta
- Sal

Direcciones:

Vierta el aceite en la olla interior de la olla instantánea y presione la olla para saltear. Agregue los champiñones, el calabacín y la cebolla y saltee hasta que la cebolla se ablande. Agrega el ajo y sofríe por un minuto.

Agregue la pasta, la albahaca, el atún, los tomates y el caldo y revuelva bien. Selle y cocine a fuego alto durante 4 minutos. Cuando termine, libere la presión durante 5 minutos y luego libere el resto con una liberación rápida. Quite la tapa. Agregue los ingredientes restantes y revuelva bien y sirva.

Nutrición (por 100 g): 346 Calorías 11,9 g Grasas 31,3 g Carbohidratos 6,3 g Proteínas 830 mg Sodio

Panini Mix de Aguacate y Pavo

Tiempo de preparación: 5 minutos.

Hora de cocinar : 8 minutos

Porciones: 2

Nivel de dificultad: Fácil

Ingredientes:

- 2 pimientos rojos asados y cortados en tiras
- ¼ de libra de pechuga de pavo ahumado de mezquite en rodajas finas
- 1 taza de hojas enteras de espinacas frescas, divididas
- 2 rebanadas de queso provolone
- 1 cucharada de aceite de oliva, dividida
- 2 panecillos ciabatta
- ¼ de taza de mayonesa
- ½ aguacate maduro

Direcciones:

En un tazón, mezcle bien la mayonesa y el aguacate. Luego precaliente la prensa Panini.

Picar los panecillos por la mitad y esparcir aceite de oliva por el interior del pan. Luego, llénelo con relleno, colocándolos en capas sobre la marcha: provolone, pechuga de pavo, pimiento rojo asado, hojas de espinaca y untar la mezcla de aguacate y cubrir con la otra rebanada de pan.

Coloque el sándwich en la prensa Panini y cocine a la parrilla durante 5 a 8 minutos hasta que el queso se derrita y el pan esté crujiente y rugoso.

Nutrición (por 100 g): 546 Calorías 34,8 g Grasas 31,9 g Carbohidratos 27,8 g Proteínas 582 mg Sodio

Wrap de Pepino, Pollo y Mango

Tiempo de preparación: 5 minutos.

Hora de cocinar : 20 minutos

Porciones: 1

Nivel de dificultad: Difícil

Ingredientes:

- ½ de pepino mediano cortado a lo largo
- ½ de mango maduro
- 1 cucharada de aderezo para ensaladas de su elección
- 1 envoltura de tortilla de trigo integral
- Rebanada de pechuga de pollo de 1 pulgada de grosor de alrededor de 6 pulgadas de largo
- 2 cucharadas de aceite para freír
- 2 cucharadas de harina integral
- 2 a 4 hojas de lechuga
- Sal y pimienta para probar

Direcciones:

Corte una pechuga de pollo en tiras de 1 pulgada y cocine un total de tiras de 6 pulgadas. Eso sería como dos tiras de pollo. Guarde el pollo restante para uso futuro.

Sazone el pollo con pimienta y sal. Dragar en harina de trigo integral.

A fuego medio, coloque una sartén pequeña y antiadherente y caliente el aceite. Una vez que el aceite esté caliente, agregue las tiras de pollo y fría hasta que estén doradas alrededor de 5 minutos por lado.

Mientras se cocina el pollo, coloque las tortillas en el horno y cocine de 3 a 5 minutos. Luego reservar y transferir a un plato.

Corte el pepino a lo largo, use solo la mitad y guarde el pepino restante. Pelar el pepino cortado en cuartos y quitarle la médula. Coloque las dos rodajas de pepino en la tortilla, a 1 pulgada del borde.

Corta el mango en rodajas y guarda la otra mitad con semillas. Pela el mango sin semilla, córtalo en tiras y colócalo encima del pepino en la tortilla.

Una vez que el pollo esté cocido, coloque el pollo al lado del pepino en una línea.

Agregue la hoja de pepino, rocíe con el aderezo para ensaladas de su elección.

Enrolla la tortilla, sirve y disfruta.

Nutrición (por 100 g): 434 Calorías 10 g Grasas 65 g Carbohidratos 21 g Proteínas 691 mg Sodio

Fattoush - Pan de Oriente Medio

Tiempo de preparación: 10 minutos.

Hora de cocinar : 15 minutos

Porciones: 6

Nivel de dificultad: Difícil

Ingredientes:

- 2 hogazas de pan de pita
- 1 cucharada de aceite de oliva virgen extra
- 1/2 cucharadita de zumaque, más para más tarde
- Sal y pimienta
- 1 corazón de lechuga romana
- 1 pepino inglés
- 5 tomates Roma
- 5 cebollas verdes
- 5 rábanos
- 2 tazas de hojas frescas de perejil picadas
- 1 taza de hojas de menta fresca picadas
- <u>Ingredientes del aderezo:</u>
- 1 1/2 lima, jugo de
- 1/3 taza de aceite de oliva virgen extra
- Sal y pimienta
- 1 cucharadita de zumaque molido
- 1/4 cucharadita de canela molida
- escasa 1/4 cucharadita de pimienta de Jamaica molida

Direcciones:

Durante 5 minutos, tueste el pan de pita en el horno tostador. Y luego parta el pan de pita en trozos.

En una sartén grande a fuego medio, caliente 3 cucharadas de aceite de oliva durante 3 minutos. Agregue el pan de pita y fríalo hasta que se dore, alrededor de 4 minutos mientras revuelve.

Agregue sal, pimienta y 1/2 cucharadita de zumaque. Aparte los chips de pita del fuego y colóquelos en toallas de papel para que escurran.

Mezcle bien la lechuga picada, el pepino, los tomates, las cebolletas, el rábano en rodajas, las hojas de menta y el perejil en una ensaladera grande.

Para hacer la vinagreta de lima, mezcle todos los ingredientes en un tazón pequeño.

Agregue el aderezo a la ensalada y mezcle bien. Incorpora el pan de pita.

Servir y disfrutar.

Nutrición (por 100 g): 192 Calorías 13,8 g Grasas 16,1 g Carbohidratos 3,9 g Proteína 655 mg Sodio

Focaccia sin gluten de ajo y tomate

Tiempo de preparación: 5 minutos.

Hora de cocinar : 20 minutos

Porciones: 8

Nivel de dificultad: Difícil

Ingredientes:

- 1 huevo
- ½ cucharadita de jugo de limón
- 1 cucharada de miel
- 4 cucharadas de aceite de oliva
- Una pizca de azucar
- 1 ¼ taza de agua tibia
- 1 cucharada de levadura seca activa
- 2 cucharaditas de romero picado
- 2 cucharaditas de tomillo picado
- 2 cucharaditas de albahaca picada
- 2 dientes de ajo picados
- 1 ¼ cucharadita de sal marina
- 2 cucharaditas de goma xantana
- ½ taza de harina de mijo
- 1 taza de fécula de papa, no harina
- 1 taza de harina de sorgo
- Harina de maíz sin gluten para espolvorear

Direcciones:

Durante 5 minutos, encienda el horno y luego apáguelo, manteniendo la puerta del horno cerrada.

Combine agua tibia y una pizca de azúcar. Agregue la levadura y revuelva suavemente. Dejar actuar durante 7 minutos.

En un tazón grande, mezcle bien las hierbas, el ajo, la sal, la goma xantana, el almidón y las harinas. Una vez que la levadura haya terminado de fermentar, vierta en un tazón de harinas. Batir el huevo, el jugo de limón, la miel y el aceite de oliva.

Mezclar bien y colocar en un molde cuadrado bien engrasado, espolvoreado con harina de maíz. Cubra con ajo fresco, más hierbas y tomates en rodajas. Colocar en el horno calentado y dejar reposar durante media hora.

Enciende el horno a 375oF y después de precalentarlo por 20 minutos. La focaccia se hace una vez que las tapas estén ligeramente doradas. Retirar del horno y moldear inmediatamente y dejar enfriar. Se sirve mejor cuando está caliente.

Nutrición (por 100 g): 251 Calorías 9 g Grasas 38,4 g Carbohidratos 5,4 g Proteína 366 mg Sodio

Hamburguesas a la Parrilla con Champiñones

Tiempo de preparación: 15 minutos.

Hora de cocinar : 10 minutos

Porciones: 4

Nivel de dificultad: promedio

Ingredientes:

- 2 lechugas Bibb, cortadas por la mitad
- 4 rodajas de cebolla morada
- 4 rodajas de tomate
- 4 bollos de trigo integral, tostados
- 2 cucharadas de aceite de oliva
- ¼ de cucharadita de pimienta de cayena, opcional
- 1 diente de ajo picado
- 1 cucharada de azúcar
- ½ taza de agua
- 1/3 taza de vinagre balsámico
- 4 tapas grandes de hongos Portobello, de alrededor de 5 pulgadas de diámetro

Direcciones:

Quite los tallos de los champiñones y límpielos con un paño húmedo. Transfiera a una fuente para hornear con las branquias hacia arriba.

En un tazón, mezcle bien el aceite de oliva, la pimienta de cayena, el ajo, el azúcar, el agua y el vinagre. Verter sobre los champiñones y marinar los champiñones a la ref durante al menos una hora.

Una vez que haya transcurrido casi una hora, precaliente la parrilla a fuego medio alto y engrase la rejilla de la parrilla.

Ase los champiñones durante cinco minutos por lado o hasta que estén tiernos. Rocíe los champiñones con la marinada para que no se seque.

Para armar, coloque ½ del panecillo en un plato, cubra con una rodaja de cebolla, champiñón, tomate y una hoja de lechuga. Cubra con la otra mitad superior del bollo. Repite el proceso con el resto de los ingredientes, sirve y disfruta.

Nutrición (por 100 g): 244 Calorías 9.3g Grasas 32g Carbohidratos 8.1g Proteínas 693mg Sodio

Mediterráneo Baba Ghanoush

Tiempo de preparación: 10 minutos.

Hora de cocinar : 25 minutos

Porciones: 4

Nivel de dificultad: promedio

Ingredientes:

- 1 bulbo de ajo
- 1 pimiento rojo, cortado por la mitad y sin semillas
- 1 cucharada de albahaca fresca picada
- 1 cucharada de aceite de oliva
- 1 cucharadita de pimienta negra
- 2 berenjenas, cortadas a lo largo
- 2 rondas de pan plano o pita
- Jugo de 1 limón

Direcciones:

Cepille la rejilla de la parrilla con aceite en aerosol y precaliente la parrilla a fuego medio alto.

Corte la parte superior del bulbo de ajo y envuélvalo en papel de aluminio. Coloque en la parte más fría de la parrilla y ase durante al menos 20 minutos. Coloque las rodajas de pimiento morrón y berenjena en la parte más caliente de la parrilla. Ase a la parrilla por ambos lados.

Una vez que los bulbos estén listos, retire la piel del ajo asado y coloque el ajo pelado en el procesador de alimentos. Agregue aceite de oliva, pimiento, albahaca, jugo de limón, pimiento rojo a la parrilla y berenjena a la parrilla. Triturar y verter en un bol.

Ase el pan al menos 30 segundos por lado para que se caliente. Sirve el pan con la salsa de puré y disfruta.

Nutrición (por 100 g): 231,6 Calorías 4,8 g Grasas 36,3 g Carbohidratos 6,3 g Proteínas 593 mg Sodio

Tagine marroquí con verduras

Tiempo de preparación: 20 minutos.

Hora de cocinar : 40 minutos

Porciones: 2

Nivel de dificultad: promedio

Ingredientes:

- 2 cucharadas de aceite de oliva
- ½ cebolla picada
- 1 diente de ajo picado
- 2 tazas de floretes de coliflor
- 1 zanahoria mediana, cortada en trozos de 1 pulgada
- 1 taza de berenjena en cubitos
- 1 lata de tomates enteros con jugo
- 1 lata (15 onzas / 425 g) de garbanzos
- 2 patatas rojas pequeñas
- 1 taza de agua
- 1 cucharadita de jarabe de arce puro
- ½ cucharadita de canela
- ½ cucharadita de cúrcuma
- 1 cucharadita de comino
- ½ cucharadita de sal
- 1 a 2 cucharaditas de pasta harissa

Direcciones:

En una olla, calienta el aceite de oliva a fuego medio-alto. Saltee la cebolla durante 5 minutos, revolviendo ocasionalmente, o hasta que la cebolla esté transparente.

Agregue el ajo, los floretes de coliflor, la zanahoria, la berenjena, los tomates y las papas. Triture los tomates con una cuchara de madera en trozos más pequeños.

Agregue los garbanzos, el agua, el jarabe de arce, la canela, la cúrcuma, el comino y la sal y revuelva para incorporar. Déjalo hervir

Una vez hecho, reduce el fuego a medio-bajo. Agregue la pasta harissa, cubra, deje hervir a fuego lento durante unos 40 minutos o hasta que las verduras se ablanden. Pruebe y ajuste el condimento según sea necesario. Déjalo reposar antes de servir.

Nutrición (por 100 g): 293 Calorías 9,9 g Grasas 12,1 g Carbohidratos 11,2 g Proteínas 811 mg Sodio

Wraps de garbanzos y lechuga con apio

Tiempo de preparación: 10 minutos.

Hora de cocinar : 0 minutos

Porciones: 4

Nivel de dificultad: Fácil

Ingredientes:

- 1 lata (15 onzas / 425 g) de garbanzos bajos en sodio
- 1 tallo de apio, en rodajas finas
- 2 cucharadas de cebolla morada finamente picada
- 2 cucharadas de tahini sin sal
- 3 cucharadas de mostaza y miel
- 1 cucharada de alcaparras, sin escurrir
- 12 hojas de lechuga mantequilla

Direcciones:

En un tazón, haga puré los garbanzos con un machacador de papas o con el dorso de un tenedor hasta que estén casi suaves. Agregue el apio, la cebolla morada, el tahini, la mostaza y las alcaparras al tazón y revuelva hasta que esté bien incorporado.

Para cada porción, coloque tres hojas de lechuga superpuestas en un plato y cubra con ¼ del relleno de puré de garbanzos, luego enrolle. Repita con las hojas de lechuga restantes y la mezcla de garbanzos.

Nutrición (por 100 g): 182 Calorías 7.1 g Grasas 3 g Carbohidratos 10.3 g Proteínas 743 mg Sodio

Brochetas de Verduras a la Parrilla

Tiempo de preparación: 15 minutos.
Hora de cocinar : 10 minutos
Porciones: 4
Nivel de dificultad: Fácil

Ingredientes:

- 4 cebollas rojas medianas, peladas y cortadas en 6 gajos
- 4 calabacines medianos, cortados en rodajas de 1 pulgada de grosor
- 2 tomates bife, cortados en cuartos
- 4 pimientos morrones rojos
- 2 pimientos naranjas
- 2 pimientos morrones amarillos
- 2 cucharadas más 1 cucharadita de aceite de oliva

Direcciones:

Precalienta la parrilla a fuego medio-alto. Pinche las verduras alternando entre cebolla morada, calabacín, tomates y pimientos morrones de diferentes colores. Engrasa con 2 cucharadas de aceite de oliva.

Engrase las rejillas de la parrilla con 1 cucharadita de aceite de oliva y ase las brochetas de verduras a la parrilla durante 5 minutos. Voltea las brochetas y asa a la parrilla por 5 minutos más, o hasta que estén cocidas a tu gusto. Deje enfriar las brochetas durante 5 minutos antes de servir.

Nutrición (por 100 g): 115 Calorías 3 g Grasas 4.7 g Carbohidratos 3.5 g Proteínas 647 mg Sodio

Hongos Portobello Rellenos con Tomates

Tiempo de preparación: 10 minutos.

Hora de cocinar : 15 minutos

Porciones: 4

Nivel de dificultad: promedio

Ingredientes:

- 4 tapas grandes de hongos portobello
- 3 cucharadas de aceite de oliva extra virgen
- Sal y pimienta negra al gusto
- 4 tomates secados al sol
- 1 taza de queso mozzarella rallado, cantidad dividida
- ½ a ¾ taza de salsa de tomate baja en sodio

Direcciones:

Precaliente el asador a fuego alto. Coloque las tapas de los champiñones en una bandeja para hornear y rocíe con aceite de oliva. Espolvorear con sal y pimienta. Ase durante 10 minutos, volteando las tapas de los champiñones a la mitad, hasta que se doren en la parte superior.

Retirar de la parrilla. Vierta 1 tomate, 2 cucharadas de queso y 2 a 3 cucharadas de salsa en cada tapa de champiñón. Regrese las tapas de los hongos a la parrilla y continúe asando durante 2 a 3 minutos. Deje enfriar durante 5 minutos antes de servir.

Nutrición (por 100 g): 217 Calorías 15,8 g Grasas 9 g Carbohidratos 11,2 g Proteínas 793 mg Sodio

Hojas de diente de león marchitas con cebolla dulce

Tiempo de preparación: 15 minutos.
Hora de cocinar : 15 minutos
Porciones: 4
Nivel de dificultad: Fácil

Ingredientes:

- 1 cucharada de aceite de oliva extra virgen
- 2 dientes de ajo picados
- 1 cebolla Vidalia, en rodajas finas
- ½ taza de caldo de verduras bajo en sodio
- 2 manojos de hojas de diente de león, picadas
- Pimienta negra recién molida, al gusto

Direcciones:

Calentar el aceite de oliva en una sartén grande a fuego lento. Agregue el ajo y la cebolla y cocine de 2 a 3 minutos, revolviendo ocasionalmente, o hasta que la cebolla esté transparente.

Incorpore el caldo de verduras y las hojas de diente de león y cocine durante 5 a 7 minutos hasta que se ablanden, revolviendo con frecuencia. Espolvorear con pimienta negra y servir en un plato caliente.

Nutrición (por 100 g): 81 Calorías 3,9 g Grasas 4 g Carbohidratos 3,2 g Proteínas 693 mg Sodio

Apio y hojas de mostaza

Tiempo de preparación: 10 minutos.

Hora de cocinar : 15 minutos

Porciones: 4

Nivel de dificultad: promedio

Ingredientes:

- ½ taza de caldo de verduras bajo en sodio
- 1 tallo de apio, picado en trozos grandes
- ½ cebolla dulce picada
- ½ pimiento rojo grande, en rodajas finas
- 2 dientes de ajo picados
- 1 manojo de hojas de mostaza, picadas

Direcciones:

Vierta el caldo de verduras en una sartén grande de hierro fundido y déjelo hervir a fuego medio. Agregue el apio, la cebolla, el pimiento morrón y el ajo. Cocine sin tapar durante unos 3 a 5 minutos.

Agregue las hojas de mostaza a la sartén y revuelva bien. Disminuya el fuego y cocine hasta que el líquido se evapore y las verduras se ablanden. Retirar del fuego y servir tibio.

Nutrición (por 100 g): 39 Calorías 3,1 g Proteína 6,8 g Carbohidratos 3 g Proteína 736 mg Sodio

Revuelto de verduras y tofu

Tiempo de preparación: 5 minutos.

Hora de cocinar : 10 minutos

Porciones: 2

Nivel de dificultad: Fácil

Ingredientes:

- 2 cucharadas de aceite de oliva extra virgen
- ½ cebolla morada, finamente picada
- 1 taza de col rizada picada
- 8 onzas (227 g) de champiñones, en rodajas
- 8 onzas (227 g) de tofu, cortado en trozos
- 2 dientes de ajo picados
- 1 pizca de hojuelas de pimiento rojo
- ½ cucharadita de sal marina
- 1/8 cucharadita de pimienta negra recién molida

Direcciones:

Cocina el aceite de oliva en una sartén antiadherente mediana a fuego medio-alto hasta que brille. Agregue la cebolla, la col rizada y los champiñones a la sartén. Cocine y revuelva de forma irregular, o hasta que las verduras comiencen a dorarse.

Agrega el tofu y sofríe de 3 a 4 minutos hasta que se ablande. Agregue el ajo, las hojuelas de pimiento rojo, la sal y la pimienta negra y cocine por 30 segundos. Déjalo reposar antes de servir.

Nutrición (por 100 g): 233 Calorías 15,9 g Grasas 2 g Carbohidratos 13,4 g Proteínas 733 mg Sodio

Zoodles simples

Tiempo de preparación: 10 minutos.

Hora de cocinar : 5 minutos

Porciones: 2

Nivel de dificultad: Fácil

Ingredientes:

- 2 cucharadas de aceite de aguacate
- 2 calabacines medianos, en espiral
- ¼ de cucharadita de sal
- Pimienta negra recién molida, al gusto

Direcciones:

Caliente el aceite de aguacate en una sartén grande a fuego medio hasta que brille. Agregue los fideos de calabacín, la sal y la pimienta negra a la sartén y mezcle para cubrir. Cocine y revuelva continuamente, hasta que esté tierno. Sirva caliente.

Nutrición (por 100 g): 128 Calorías 14 g Grasas 0,3 g Carbohidratos 0,3 g Proteína 811 mg Sodio

Wraps de lentejas y coles de tomate

Tiempo de preparación: 15 minutos.

Hora de cocinar : 0 minutos

Porciones: 4

Nivel de dificultad: Fácil

Ingredientes:

- 2 tazas de lentejas cocidas
- 5 tomates Roma, cortados en cubitos
- ½ taza de queso feta desmenuzado
- 10 hojas grandes de albahaca fresca, en rodajas finas
- ¼ taza de aceite de oliva extra virgen
- 1 cucharada de vinagre balsámico
- 2 dientes de ajo picados
- ½ cucharadita de miel cruda
- ½ cucharadita de sal
- ¼ de cucharadita de pimienta negra recién molida
- 4 hojas grandes de col, sin tallos

Direcciones:

Combine las lentejas, los tomates, el queso, las hojas de albahaca, el aceite de oliva, el vinagre, el ajo, la miel, la sal y la pimienta negra y revuelva bien.

Coloca las hojas de col sobre una superficie de trabajo plana. Vierta cantidades iguales de la mezcla de lentejas en los bordes de las hojas. Enróllelos y córtelos por la mitad para servir.

Nutrición (por 100 g): 318 Calorías 17,6 g Grasas 27,5 g Carbohidratos 13,2 g Proteínas 800 mg Sodio

Cuenco de verduras mediterráneas

Tiempo de preparación: 10 minutos.

Hora de cocinar : 20 minutos

Porciones: 4

Nivel de dificultad: promedio

Ingredientes:

- 2 tazas de agua
- 1 taza de trigo bulgur # 3 o quinua, enjuagada
- 1½ cucharaditas de sal, cantidad dividida
- 1 pinta (2 tazas) de tomates cherry, cortados por la mitad
- 1 pimiento morrón grande, picado
- 1 pepino grande, picado
- 1 taza de aceitunas Kalamata
- ½ taza de jugo de limón recién exprimido
- 1 taza de aceite de oliva extra virgen
- ½ cucharadita de pimienta negra recién molida

Direcciones:

Hierva el agua en una olla mediana a fuego medio. Agrega el bulgur (o quinua) y 1 cucharadita de sal. Tape y cocine de 15 a 20 minutos.

Para colocar las verduras en sus 4 tazones, divida visualmente cada tazón en 5 secciones. Coloque el bulgur cocido en una sección. Siga con los tomates, el pimiento, los pepinos y las aceitunas.

Batir el jugo de limón, el aceite de oliva, la ½ cucharadita de sal restante y la pimienta negra.

Vierta uniformemente el aderezo sobre los 4 tazones. Sirva inmediatamente o cubra y refrigere para más tarde.

Nutrición (por 100 g): 772 Calorías 9 g Grasas 6 g Proteínas 41 g Carbohidratos 944 mg Sodio

Wrap de verduras asadas y hummus

Tiempo de preparación: 15 minutos.

Hora de cocinar : 10 minutos

Porciones: 6

Nivel de dificultad: promedio

Ingredientes:

- 1 berenjena grande
- 1 cebolla grande
- ½ taza de aceite de oliva extra virgen
- 1 cucharadita de sal
- 6 rollos de lavash o pan de pita grande
- 1 taza de hummus tradicional cremoso

Direcciones:

Precaliente una parrilla, una sartén grande para parrilla o una sartén grande ligeramente engrasada a fuego medio. Corta la berenjena y la cebolla en círculos. Engrasar las verduras con aceite de oliva y espolvorear con sal.

Cocine las verduras por ambos lados, aproximadamente de 3 a 4 minutos por cada lado. Para hacer la envoltura, coloque el lavash o pita plano. Coloque aproximadamente 2 cucharadas de hummus en la envoltura.

Divida uniformemente las verduras entre las envolturas, colocándolas en capas a lo largo de un lado de la envoltura. Doble suavemente el lado de la envoltura con las verduras, metiéndolas y haciendo una envoltura apretada.

Coloque la costura de la envoltura hacia abajo y córtela por la mitad o en tercios.

También puede envolver cada sándwich con una envoltura de plástico para ayudarlo a mantener su forma y comerlo más tarde.

Nutrición (por 100 g): 362 Calorías 10 g Grasas 28 g Carbohidratos 15 g Proteínas 736 mg Sodio

Judías Verdes Españolas

Tiempo de preparación: 10 minutos.

Hora de cocinar : 20 minutos

Porciones: 4

Nivel de dificultad: Fácil

Ingredientes:

- ¼ taza de aceite de oliva extra virgen
- 1 cebolla grande picada
- 4 dientes de ajo finamente picados
- 1 libra de ejotes, frescos o congelados, recortados
- 1½ cucharaditas de sal, cantidad dividida
- 1 lata (15 onzas) de tomates cortados en cubitos
- ½ cucharadita de pimienta negra recién molida

Direcciones:

Caliente el aceite de oliva, la cebolla y el ajo; cocine por 1 minuto. Corta las judías verdes en trozos de 2 pulgadas. Agregue las judías verdes y 1 cucharadita de sal a la olla y mezcle todo; cocine por 3 minutos. Agrega los tomates cortados en cubitos, la ½ cucharadita de sal restante y la pimienta negra a la olla; continúe cocinando por otros 12 minutos, revolviendo ocasionalmente. Sirva caliente.

Nutrición (por 100 g): 200 Calorías 12 g Grasas 18 g Carbohidratos 4 g Proteínas 639 mg Sodio

Coliflor rústica y hachís de zanahoria

Tiempo de preparación: 10 minutos.

Hora de cocinar : 10 minutos

Porciones: 4

Nivel de dificultad: Fácil

Ingredientes:

- 3 cucharadas de aceite de oliva extra virgen
- 1 cebolla grande picada
- 1 cucharada de ajo picado
- 2 tazas de zanahorias cortadas en cubitos
- 4 tazas de piezas de coliflor, lavadas
- 1 cucharadita de sal
- ½ cucharadita de comino molido

Direcciones:

Cocine el aceite de oliva, la cebolla, el ajo y las zanahorias durante 3 minutos. Corta la coliflor en trozos de 1 pulgada o del tamaño de un bocado. Agregue la coliflor, la sal y el comino a la sartén y mezcle para combinar con las zanahorias y las cebollas.

Tape y cocine por 3 minutos. Agregue las verduras y continúe cocinando durante 3 a 4 minutos más. Sirva caliente.

Nutrición (por 100 g): 159 Calorías 17 g Grasas 15 g Carbohidratos 3 g Proteínas 569 mg Sodio

Coliflor Asada y Tomates

Tiempo de preparación: 5 minutos.

Hora de cocinar : 25 minutos

Porciones: 4

Nivel de dificultad: promedio

Ingredientes:

- 4 tazas de coliflor, cortada en trozos de 1 pulgada
- 6 cucharadas de aceite de oliva extra virgen, divididas
- 1 cucharadita de sal, dividida
- 4 tazas de tomates cherry
- ½ cucharadita de pimienta negra recién molida
- ½ taza de queso parmesano rallado

Direcciones:

Precalienta el horno a 425 ° F. Agregue la coliflor, 3 cucharadas de aceite de oliva y ½ cucharadita de sal a un tazón grande y mezcle para cubrir uniformemente. Colóquelo en una bandeja para hornear en una capa uniforme.

En otro tazón grande, agregue los tomates, las 3 cucharadas restantes de aceite de oliva y ½ cucharadita de sal, y mezcle para cubrir uniformemente. Vierta en una bandeja para hornear diferente. Coloque la hoja de coliflor y la hoja de tomates en el horno para asar durante 17 a 20 minutos hasta que la coliflor esté ligeramente dorada y los tomates estén gruesos.

Con una espátula, coloque la coliflor en un plato para servir y cubra con tomates, pimienta negra y queso parmesano. Sirva caliente.

Nutrición (por 100 g): 294 Calorías 14 g Grasas 13 g Carbohidratos 9 g Proteínas 493 mg Sodio

Calabaza Bellota Asada

Tiempo de preparación: 10 minutos.

Hora de cocinar : 35 minutos

Porciones: 6

Nivel de dificultad: promedio

Ingredientes:

- 2 calabacines, medianos a grandes
- 2 cucharadas de aceite de oliva extra virgen
- 1 cucharadita de sal, y más para condimentar
- 5 cucharadas de mantequilla sin sal
- ¼ de taza de hojas de salvia picadas
- 2 cucharadas de hojas frescas de tomillo
- ½ cucharadita de pimienta negra recién molida

Direcciones:

Precalienta el horno a 400 ° F. Corta la calabaza bellota por la mitad a lo largo. Raspe las semillas y córtelas horizontalmente en rodajas de ¾ de pulgada de grosor. En un tazón grande, rocíe la calabaza con el aceite de oliva, espolvoree con sal y mezcle para cubrir.

Coloca la calabaza bellota sobre una bandeja para hornear. Coloque en la bandeja para hornear en el horno y hornee la calabaza durante 20 minutos. Voltee la calabaza con una espátula y hornee por otros 15 minutos.

Suaviza la mantequilla en una cacerola mediana a fuego medio. Agrega la salvia y el tomillo a la mantequilla derretida y déjalos cocinar durante 30 segundos. Transfiera las rodajas de calabaza cocidas a un plato. Vierta la mezcla de mantequilla / hierbas sobre la calabaza. Sazone con sal y pimienta negro. Sirva caliente.

Nutrición (por 100 g): 188 Calorías 13 g Grasas 16 g Carbohidratos 1 g Proteínas 836 mg Sodio

Espinacas Salteadas Con Ajo

Tiempo de preparación: 5 minutos.

Hora de cocinar : 10 minutos

Porciones: 4

Nivel de dificultad: Fácil

Ingredientes:

- ¼ taza de aceite de oliva extra virgen
- 1 cebolla grande, en rodajas finas
- 3 dientes de ajo picados
- 6 bolsas (1 libra) de espinacas tiernas, lavadas
- ½ cucharadita de sal
- 1 limón cortado en gajos

Direcciones:

Cocina el aceite de oliva, la cebolla y el ajo en una sartén grande durante 2 minutos a fuego medio. Agregue una bolsa de espinacas y ½ cucharadita de sal. Cubre la sartén y deja que las espinacas se marchiten durante 30 segundos. Repita (omitiendo la sal), agregando 1 bolsa de espinaca a la vez.

Cuando se hayan agregado todas las espinacas, retire la tapa y cocine por 3 minutos, dejando que parte de la humedad se evapore. Sirva caliente con ralladura de limón por encima.

Nutrición (por 100 g): 301 Calorías 12 g Grasas 29 g Carbohidratos 17 g Proteínas 639 mg Sodio

Calabacín salteado al ajo con menta

Tiempo de preparación: 5 minutos.

Hora de cocinar : 10 minutos

Porciones: 4

Nivel de dificultad: Fácil

Ingredientes:

- 3 calabacines verdes grandes
- 3 cucharadas de aceite de oliva extra virgen
- 1 cebolla grande picada
- 3 dientes de ajo picados
- 1 cucharadita de sal
- 1 cucharadita de menta seca

Direcciones:

Corta el calabacín en cubos de ½ pulgada. Cocine el aceite de oliva, la cebolla y el ajo durante 3 minutos, revolviendo constantemente.

Agregue el calabacín y la sal a la sartén y mezcle para combinar con las cebollas y el ajo, cocinando durante 5 minutos. Agregue la menta a la sartén, revolviendo para combinar. Cocine por otros 2 minutos. Sirva caliente.

Nutrición (por 100 g): 147 Calorías 16 g Grasas 12 g Carbohidratos 4 g Proteínas 723 mg Sodio

Okra guisado

Tiempo de preparación: 55 minutos

Hora de cocinar : 25 minutos

Porciones: 4

Nivel de dificultad: Fácil

Ingredientes:

- ¼ taza de aceite de oliva extra virgen
- 1 cebolla grande picada
- 4 dientes de ajo finamente picados
- 1 cucharadita de sal
- 1 libra de okra fresca o congelada, limpia
- 1 lata (15 onzas) de salsa de tomate natural
- 2 tazas de agua
- ½ taza de cilantro fresco, finamente picado
- ½ cucharadita de pimienta negra recién molida

Direcciones:

Mezcle y cocine el aceite de oliva, la cebolla, el ajo y la sal durante 1 minuto. Agregue la okra y cocine por 3 minutos.

Agrega la salsa de tomate, el agua, el cilantro y la pimienta negra; revuelva, tape y deje cocinar por 15 minutos, revolviendo ocasionalmente. Sirva caliente.

Nutrición (por 100 g): 201 Calorías 6 g Grasas 18 g Carbohidratos 4 g Proteínas 693 mg Sodio

Pimientos Rellenos De Verduras Dulces

Tiempo de preparación: 20 minutos.

Hora de cocinar : 30 minutos

Porciones: 6

Nivel de dificultad: promedio

Ingredientes:

- 6 pimientos morrones grandes, de diferentes colores
- 3 cucharadas de aceite de oliva extra virgen
- 1 cebolla grande picada
- 3 dientes de ajo picados
- 1 zanahoria picada
- 1 lata (16 onzas) de garbanzos, enjuagados y escurridos
- 3 tazas de arroz cocido
- 1½ cucharaditas de sal
- ½ cucharadita de pimienta negra recién molida

Direcciones:

Precalienta el horno a 350 ° F. Asegúrese de elegir pimientos que puedan mantenerse en posición vertical. Corta el tapón de pimienta y quita las semillas, reservando el tapón para más tarde. Coloca los pimientos en una fuente para horno.

Caliente el aceite de oliva, la cebolla, el ajo y las zanahorias durante 3 minutos. Agrega los garbanzos. Cocine por otros 3 minutos. Saque de la sartén del fuego y vierta los ingredientes cocidos en un tazón grande. Agrega el arroz, la sal y la pimienta; revuelva para combinar.

Rellene cada pimiento hasta la parte superior y luego vuelva a colocar las tapas de pimiento. Meta la fuente para hornear con papel de aluminio y hornee por 25 minutos. Saque el papel aluminio y hornee por otros 5 minutos. Sirva caliente.

Nutrición (por 100 g): 301 Calorías 15 g Grasas 50 g Carbohidratos 8 g Proteínas 803 mg Sodio

Berenjena Moussaka

Tiempo de preparación: 55 minutos

Hora de cocinar : 40 minutos

Porciones: 6

Nivel de dificultad: Difícil

Ingredientes:

- 2 berenjenas grandes
- 2 cucharaditas de sal, divididas
- Spray de aceite de oliva
- ¼ taza de aceite de oliva extra virgen
- 2 cebollas grandes, en rodajas
- 10 dientes de ajo, en rodajas
- 2 latas (de 15 onzas) de tomates cortados en cubitos
- 1 lata (16 onzas) de garbanzos, enjuagados y escurridos
- 1 cucharadita de orégano seco
- ½ cucharadita de pimienta negra recién molida

Direcciones:

Corta la berenjena horizontalmente en discos redondos de ¼ de pulgada de grosor. Espolvorea las rodajas de berenjena con 1 cucharadita de sal y colócalas en un colador durante 30 minutos.

Precalienta el horno a 450 ° F. Seque las rodajas de berenjena con una toalla de papel y rocíe cada lado con un spray de aceite de oliva o cepille ligeramente cada lado con aceite de oliva.

Montar la berenjena en una sola capa sobre una bandeja para hornear. Situar en el horno y hornear durante 10 minutos. Luego, con una espátula, voltee las rodajas y hornee por otros 10 minutos.

Sofría el aceite de oliva, la cebolla, el ajo y la cucharadita de sal restante. Cocine durante 5 minutos revolviendo rara vez. Agrega los tomates, los garbanzos, el orégano y la pimienta negra. Cocine a fuego lento durante 12 minutos, revolviendo irregularmente.

Usando una cazuela profunda, comience a formar capas, comenzando con la berenjena y luego la salsa. Repita hasta que se hayan usado todos los ingredientes. Hornee en el horno durante 20 minutos. Retirar del horno y servir tibio.

Nutrición (por 100 g): 262 Calorías 11 g Grasas 35 g Carbohidratos 8 g Proteínas 723 mg Sodio

Hojas de parra rellenas de vegetales

Tiempo de preparación: 50 minutos.

Hora de cocinar : 45 minutos

Porciones: 8

Nivel de dificultad: promedio

Ingredientes:

- 2 tazas de arroz blanco, enjuagado
- 2 tomates grandes, finamente picados
- 1 cebolla grande, finamente picada
- 1 cebolla verde finamente picada
- 1 taza de perejil italiano fresco, finamente picado
- 3 dientes de ajo picados
- 2½ cucharaditas de sal
- ½ cucharadita de pimienta negra recién molida
- 1 frasco (16 onzas) de hojas de parra
- 1 taza de jugo de limón
- ½ taza de aceite de oliva extra virgen
- 4 a 6 tazas de agua

Direcciones:

Combine el arroz, los tomates, la cebolla, la cebolla verde, el perejil, el ajo, la sal y la pimienta negra. Escurre y enjuaga las hojas de parra. Prepare una olla grande colocando una capa de hojas de parra en el fondo. Coloque cada hoja plana y corte los tallos.

Coloque 2 cucharadas de la mezcla de arroz en la base de cada hoja. Dobla los lados, luego enrolla lo más apretado posible. Coloque las hojas de parra enrolladas en la olla, alineando cada hoja de parra enrollada. Continúe colocando capas de hojas de parra enrolladas.

Vierta suavemente el jugo de limón y el aceite de oliva sobre las hojas de parra y agregue suficiente agua solo para cubrir las hojas de parra por 1 pulgada. Coloque un plato pesado que sea más pequeño que la abertura de la olla boca abajo sobre las hojas de parra. Tapa la olla y cocina las hojas a fuego medio-bajo durante 45 minutos. Deje reposar durante 20 minutos antes de servir. Sirva tibio o frío.

Nutrición (por 100 g): 532 Calorías 15 g Grasas 80 g Carbohidratos 12 g Proteínas 904 mg Sodio

Rollos de berenjena a la parrilla

Tiempo de preparación: 30 minutos.

Hora de cocinar : 10 minutos

Porciones: 6

Nivel de dificultad: promedio

Ingredientes:

- 2 berenjenas grandes
- 1 cucharadita de sal
- 4 onzas de queso de cabra
- 1 taza de ricotta
- ¼ taza de albahaca fresca, finamente picada
- ½ cucharadita de pimienta negra recién molida
- Spray de aceite de oliva

Direcciones:

Corta la parte superior de las berenjenas y córtalas a lo largo en rodajas de ¼ de pulgada de grosor. Espolvorea las rodajas con la sal y coloca la berenjena en un colador durante 15 a 20 minutos.

Azote el queso de cabra, ricotta, albahaca y pimienta. Precaliente una parrilla, una sartén para parrilla o una sartén ligeramente engrasada a fuego medio. Seque las rodajas de berenjena y rocíe ligeramente con aceite de oliva en aerosol. Coloque la berenjena en la parrilla, sartén o sartén y cocine durante 3 minutos por cada lado.

Sacar la berenjena del fuego y dejar enfriar durante 5 minutos. Para enrollar, coloque una rodaja de berenjena plana, coloque una cucharada de la mezcla de queso en la base de la rodaja y enrolle. Sirva inmediatamente o enfríe hasta servir.

Nutrición (por 100 g): 255 Calorías 7 g Grasas 19 g Carbohidratos 15 g Proteínas 793 mg Sodio

Buñuelos de calabacín crujientes

Tiempo de preparación: 15 minutos.

Hora de cocinar : 20 minutos

Porciones: 6

Nivel de dificultad: Fácil

Ingredientes:

- 2 calabacines verdes grandes
- 2 cucharadas de perejil italiano, finamente picado
- 3 dientes de ajo picados
- 1 cucharadita de sal
- 1 taza de harina
- 1 huevo grande, batido
- ½ taza de agua
- 1 cucharadita de levadura en polvo
- 3 tazas de aceite vegetal o de aguacate

Direcciones:

Ralle el calabacín en un tazón grande. Agregue el perejil, el ajo, la sal, la harina, el huevo, el agua y el polvo de hornear al tazón y revuelva para combinar. En una olla grande o freidora a fuego medio, caliente el aceite a 365 ° F.

Deje caer la masa de buñuelos en el aceite caliente a cucharadas. Dale la vuelta a los buñuelos con una espumadera y fríelos hasta que estén dorados, de 2 a 3 minutos. Colar los buñuelos del aceite y colocarlos en un plato forrado con toallas de papel. Sirva caliente con Creamy Tzatziki o Creamy Traditional Hummus como salsa.

Nutrición (por 100 g): 446 Calorías 2 g Grasas 19 g Carbohidratos 5 g Proteínas 812 mg Sodio

Tartas de espinacas con queso

Tiempo de preparación: 20 minutos.

Hora de cocinar : 40 minutos

Porciones: 8

Nivel de dificultad: Difícil

Ingredientes:

- 2 cucharadas de aceite de oliva extra virgen
- 1 cebolla grande picada
- 2 dientes de ajo picados
- 3 bolsas (1 libra) de espinacas tiernas, lavadas
- 1 taza de queso feta
- 1 huevo grande, batido
- Láminas de hojaldre

Direcciones:

Precalienta el horno a 375 ° F. Caliente el aceite de oliva, la cebolla y el ajo durante 3 minutos. Agregue las espinacas a la sartén una bolsa a la vez, dejando que se marchite entre cada bolsa. Mezcle con pinzas. Cocine por 4 minutos. Una vez que la espinaca esté cocida, saca el exceso de líquido de la sartén.

En un tazón grande, mezcle el queso feta, el huevo y las espinacas cocidas. Coloca la masa de hojaldre sobre una encimera. Corta la masa en cuadrados de 3 pulgadas. Coloque una cucharada de la mezcla de espinacas en el centro de un cuadrado de hojaldre.

Pliegue sobre una esquina del cuadrado hasta la esquina diagonal, formando un triángulo. Engarce los bordes del pastel presionando hacia abajo con los dientes de un tenedor para sellarlos. Repita hasta llenar todos los cuadrados.

Coloque las tartas en una bandeja para hornear forrada con pergamino y hornee durante 25 a 30 minutos o hasta que estén doradas. Sirva tibio oa temperatura ambiente.

Nutrición (por 100 g): 503 Calorías 6 g Grasas 38 g Carbohidratos 16 g Proteínas 836 mg Sodio

Bocaditos de pepino

Tiempo de preparación: 5 minutos.

Hora de cocinar : 0 minutos

Porciones: 12

Nivel de dificultad: Fácil

Ingredientes:

- 1 pepino en rodajas
- 8 rebanadas de pan integral
- 2 cucharadas de queso crema, suave
- 1 cucharada de cebollino picado
- ¼ de taza de aguacate, pelado, deshuesado y triturado
- 1 cucharadita de mostaza
- Sal y pimienta negra al gusto

Direcciones:

Unta el aguacate triturado en cada rebanada de pan, esparce también el resto de los ingredientes excepto las rebanadas de pepino.

Dividir las rodajas de pepino sobre las rodajas de pan, cortar cada rodaja en tercios, disponer en una fuente y servir como aperitivo.

Nutrición (por 100 g): 187 Calorías 12,4 g Grasas 4,5 g Carbohidratos 8,2 g Proteínas 736 mg Sodio

Dip de yogur

Tiempo de preparación: 10 minutos.

Hora de cocinar : 0 minutos

Porciones: 6

Nivel de dificultad: Fácil

Ingredientes:

- 2 tazas de yogur griego
- 2 cucharadas de pistachos tostados y picados
- Una pizca de sal y pimienta blanca.
- 2 cucharadas de menta picada
- 1 cucharada de aceitunas kalamata, sin hueso y picadas
- ¼ taza de especias zaatar
- ¼ de taza de semillas de granada
- 1/3 taza de aceite de oliva

Direcciones:

Mezclar el yogur con los pistachos y el resto de los ingredientes, batir bien, dividir en tazas pequeñas y servir con chips de pita a un lado.

Nutrición (por 100 g): 294 Calorías 18 g Grasas 2 g Carbohidratos 10 g Proteínas 593 mg Sodio

Brucheta de tomate

Tiempo de preparación: 10 minutos.

Hora de cocinar : 10 minutos

Porciones: 6

Nivel de dificultad: Fácil

Ingredientes:

- 1 baguette, en rodajas
- 1/3 taza de albahaca picada
- 6 tomates, en cubos
- 2 dientes de ajo picados
- Una pizca de sal y pimienta negra.
- 1 cucharadita de aceite de oliva
- 1 cucharada de vinagre balsámico
- ½ cucharadita de ajo en polvo
- Spray para cocinar

Direcciones:

Coloque las rebanadas de baguette en una bandeja para hornear forrada con papel pergamino, engrase con aceite en aerosol. Hornee por 10 minutos a 400 grados.

Combina los tomates con la albahaca y el resto de los ingredientes, mezcla bien y deja reposar por 10 minutos. Dividir la mezcla de tomate en cada rebanada de baguette, colocarlos todos en una fuente y servir.

Nutrición (por 100 g): 162 Calorías 4 g Grasas 29 g Carbohidratos 4 g Proteínas 736 mg Sodio

Tomates Rellenos De Aceitunas Y Queso

Tiempo de preparación: 10 minutos.

Hora de cocinar : 0 minutos

Porciones: 24

Nivel de dificultad: Fácil

Ingredientes:

- 24 tomates cherry, con la parte superior cortada y el interior recogido
- 2 cucharadas de aceite de oliva
- ¼ de cucharadita de hojuelas de pimiento rojo
- ½ taza de queso feta, desmenuzado
- 2 cucharadas de pasta de aceitunas negras
- ¼ taza de menta, rasgada

Direcciones:

En un bol, mezclar la pasta de aceitunas con el resto de ingredientes excepto los tomates cherry y batir bien. Rellena los tomates cherry con esta mezcla, acomódalos todos en una fuente y sírvelos como aperitivo.

Nutrición (por 100 g): 136 Calorías 8,6 g Grasas 5,6 g Carbohidratos 5,1 g Proteína 648 mg Sodio

Tapenade de pimienta

Tiempo de preparación: 10 minutos.

Hora de cocinar : 0 minutos

Porciones: 4

Nivel de dificultad: Fácil

Ingredientes:

- 7 onzas de pimientos rojos asados, picados
- ½ taza de parmesano rallado
- 1/3 taza de perejil picado
- 14 onzas de alcachofas enlatadas, escurridas y picadas
- 3 cucharadas de aceite de oliva
- ¼ de taza de alcaparras, escurridas
- 1 y ½ cucharada de jugo de limón
- 2 dientes de ajo picados

Direcciones:

En tu licuadora, combina los pimientos rojos con el parmesano y el resto de ingredientes y pulsa bien. Dividir en tazas y servir como refrigerio.

Nutrición (por 100 g): 200 Calorías 5.6g Grasas 12.4g Carbohidratos 4.6g Proteínas 736mg Sodio

Falafel de cilantro

Tiempo de preparación: 10 minutos.

Hora de cocinar : 10 minutos

Porciones: 8

Nivel de dificultad: Fácil

Ingredientes:

- 1 taza de garbanzos enlatados
- 1 manojo de hojas de perejil
- 1 cebolla amarilla picada
- 5 dientes de ajo picados
- 1 cucharadita de cilantro molido
- Una pizca de sal y pimienta negra.
- ¼ de cucharadita de pimienta de cayena
- ¼ de cucharadita de bicarbonato de sodio
- ¼ de cucharadita de comino en polvo
- 1 cucharadita de jugo de limón.
- 3 cucharadas de harina de tapioca
- Aceite de oliva para freír

Direcciones:

En su procesador de alimentos, combine los frijoles con el perejil, la cebolla y el resto de los ingredientes menos el aceite y la harina y licue bien. Transfiera la mezcla a un bol, agregue la harina, revuelva bien, forme 16 bolitas de esta mezcla y aplánelas un poco.

Precalienta la sartén a fuego medio-alto, agrega los falafels, cocínalos 5 minutos por ambos lados, pon en toallas de papel, escurre el exceso de grasa, acomódalos en una fuente y sirve como aperitivo.

Nutrición (por 100 g): 122 Calorías 6.2 g Grasas 12.3 g Carbohidratos 3.1 g Proteínas 699 mg Sodio

Hummus de pimiento rojo

Tiempo de preparación: 10 minutos.

Hora de cocinar : 0 minutos

Porciones: 6

Nivel de dificultad: Fácil

Ingredientes:

- 6 onzas de pimientos rojos asados, pelados y picados
- 16 onzas de garbanzos enlatados, escurridos y enjuagados
- ¼ de taza de yogur griego
- 3 cucharadas de pasta de tahini
- Jugo de 1 limón
- 3 dientes de ajo picados
- 1 cucharada de aceite de oliva
- Una pizca de sal y pimienta negra.
- 1 cucharada de perejil picado

Direcciones:

En tu robot de cocina, combina los pimientos rojos con el resto de los ingredientes excepto el aceite y el perejil y pulsa bien. Agrega el aceite, pulsa nuevamente, divide en tazas, espolvorea el perejil por encima y sirve como untable de fiesta.

Nutrición (por 100 g): 255 Calorías 11,4 g Grasas 17,4 g Carbohidratos 6,5 g Proteínas 593 mg Sodio

Dip de frijoles blancos

Tiempo de preparación: 10 minutos.

Hora de cocinar : 0 minutos

Porciones: 4

Nivel de dificultad: Fácil

Ingredientes:

- 15 onzas de frijoles blancos enlatados, escurridos y enjuagados
- 6 onzas de corazones de alcachofa enlatados, escurridos y cortados en cuartos
- 4 dientes de ajo picados
- 1 cucharada de albahaca picada
- 2 cucharadas de aceite de oliva
- Jugo de ½ limón
- Ralladura de ½ limón rallada
- Sal y pimienta negra al gusto

Direcciones:

En tu robot de cocina, combina los frijoles con las alcachofas y el resto de ingredientes excepto el aceite y pulsa bien. Agregue el aceite gradualmente, presione la mezcla nuevamente, divida en tazas y sirva como salsa para fiestas.

Nutrición (por 100 g): 27 Calorías 11,7 g Grasas 18,5 g Carbohidratos 16,5 g Proteínas 668 mg Sodio

Hummus con Cordero Molido

Tiempo de preparación: 10 minutos.

Hora de cocinar : 15 minutos

Porciones: 8

Nivel de dificultad: Fácil

Ingredientes:

- 10 onzas de hummus
- 12 onzas de carne de cordero molida
- ½ taza de semillas de granada
- ¼ taza de perejil picado
- 1 cucharada de aceite de oliva
- Chips de pita para servir

Direcciones:

Precaliente la sartén a fuego medio-alto, cocine la carne y dore durante 15 minutos revolviendo con frecuencia. Unte el hummus en una fuente, esparza el cordero molido por todas partes, esparza también las semillas de granada y el perejil y sirva con chips de pita como botana.

Nutrición (por 100 g): 133 Calorías 9,7 g Grasas 6,4 g Carbohidratos 5,4 g Proteína 659 mg Sodio

Dip de berenjena

Tiempo de preparación: 10 minutos.

Hora de cocinar : 40 minutos

Porciones: 4

Nivel de dificultad: Fácil

Ingredientes:

- 1 berenjena picada con un tenedor
- 2 cucharadas de pasta de tahini
- 2 cucharadas de jugo de limón
- 2 dientes de ajo picados
- 1 cucharada de aceite de oliva
- Sal y pimienta negra al gusto
- 1 cucharada de perejil picado

Direcciones:

Coloque la berenjena en una fuente para asar, hornee a 400 grados F durante 40 minutos, enfríe, pele y transfiera a su procesador de alimentos. Licuar el resto de los ingredientes excepto el perejil, pulir bien, dividir en tazones pequeños y servir como aperitivo con el perejil espolvoreado por encima.

Nutrición (por 100 g): 121 Calorías 4.3g Grasas 1.4g Carbohidratos 4.3g Proteínas 639mg Sodio

Buñuelos de verduras

Tiempo de preparación: 10 minutos.

Hora de cocinar : 10 minutos

Porciones: 8

Nivel de dificultad: Fácil

Ingredientes:

- 2 dientes de ajo picados
- 2 cebollas amarillas picadas
- 4 cebolletas picadas
- 2 zanahorias ralladas
- 2 cucharaditas de comino molido
- ½ cucharadita de cúrcuma en polvo
- Sal y pimienta negra al gusto
- ¼ de cucharadita de cilantro molido
- 2 cucharadas de perejil picado
- ¼ de cucharadita de jugo de limón
- ½ taza de harina de almendras
- 2 remolachas, peladas y ralladas
- 2 huevos batidos
- ¼ taza de harina de tapioca
- 3 cucharadas de aceite de oliva

Direcciones:

En un bol, combine el ajo con la cebolla, la cebolleta y el resto de los ingredientes excepto el aceite, revuelva bien y forme buñuelos medianos con esta mezcla.

Precalienta la sartén a fuego medio-alto, coloca los buñuelos, cocina por 5 minutos por cada lado, acomoda en una fuente y sirve.

Nutrición (por 100 g): 209 Calorías 11,2 g Grasas 4,4 g Carbohidratos 4,8 g Proteínas 726 mg de sodio

Albóndigas De Cordero Bulgur

Tiempo de preparación: 10 minutos.

Hora de cocinar : 15 minutos

Porciones: 6

Nivel de dificultad: Fácil

Ingredientes:

- 1 y ½ tazas de yogur griego
- ½ cucharadita de comino, molido
- 1 taza de pepino, rallado
- ½ cucharadita de ajo picado
- Una pizca de sal y pimienta negra.
- 1 taza de bulgur
- 2 tazas de agua
- 1 libra de cordero, molido
- ¼ taza de perejil picado
- ¼ de taza de chalotas picadas
- ½ cucharadita de pimienta de Jamaica, molida
- ½ cucharadita de canela en polvo
- 1 cucharada de aceite de oliva

Direcciones:

Mezclar el bulgur con el agua, tapar el bol, dejar reposar 10 minutos, escurrir y trasvasar a un bol. Agrega la carne, el yogur y el resto de los ingredientes excepto el aceite, revuelve bien y forma albóndigas medianas con esta mezcla. Precalienta la sartén a fuego medio-alto, coloca las albóndigas, cocínalas durante 7 minutos por cada lado, acomódalas todas en una fuente y sírvelas como aperitivo.

Nutrición (por 100 g): 300 Calorías 9,6 g Grasas 22,6 g Carbohidratos 6,6 g Proteínas 644 mg Sodio

Mordeduras de pepino

Tiempo de preparación: 10 minutos.

Hora de cocinar : 0 minutos

Porciones: 12

Nivel de dificultad: Fácil

Ingredientes:

- 1 pepino inglés, cortado en 32 rodajas
- 10 onzas de hummus
- 16 tomates cherry, cortados por la mitad
- 1 cucharada de perejil picado
- 1 onza de queso feta, desmenuzado

Direcciones:

Unte el hummus en cada ronda de pepino, divida las mitades de tomate en cada una, espolvoree el queso y el perejil y sirva como aperitivo.

Nutrición (por 100 g): 162 Calorías 3,4 g Grasas 6,4 g Carbohidratos 2,4 g Proteínas 702 mg Sodio

Aguacate Relleno

Tiempo de preparación: 10 minutos.

Hora de cocinar : 0 minutos

Porciones: 2

Nivel de dificultad: Fácil

Ingredientes:

- 1 aguacate, cortado por la mitad y sin hueso
- 10 onzas de atún enlatado, escurrido
- 2 cucharadas de tomates secos, picados
- 1 y ½ cucharada de pesto de albahaca
- 2 cucharadas de aceitunas negras, sin hueso y picadas
- Sal y pimienta negra al gusto
- 2 cucharaditas de piñones tostados y picados
- 1 cucharada de albahaca picada

Direcciones:

Mezclar el atún con los tomates secados al sol y el resto de los ingredientes excepto el aguacate y remover. Rellena las mitades de aguacate con la mezcla de atún y sírvelas como aperitivo.

Nutrición (por 100 g): 233 Calorías 9 g Grasas 11,4 g Carbohidratos 5,6 g Proteínas 735 mg Sodio

Ciruelas envueltas

Tiempo de preparación: 5 minutos.

Hora de cocinar : 0 minutos

Porciones: 8

Nivel de dificultad: Fácil

Ingredientes:

- 2 onzas de prosciutto, cortado en 16 trozos
- 4 ciruelas, en cuartos
- 1 cucharada de cebollino picado
- Una pizca de hojuelas de pimiento rojo triturado

Direcciones:

Envuelva cada cuarto de ciruela en una rodaja de prosciutto, colóquelos todos en una fuente, espolvoree las cebolletas y las hojuelas de pimiento por todas partes y sirva.

Nutrición (por 100 g): 30 calorías 1 g de grasa 4 g de carbohidratos 2 g de proteína 439 mg de sodio

Feta marinado y alcachofas

Tiempo de preparación : 10 minutos, más 4 horas de inactividad
Hora de cocinar : 10 minutos
Porciones: 2
Nivel de dificultad: Fácil

Ingredientes:

- 4 onzas de queso feta griego tradicional, cortado en cubos de ½ pulgada
- 4 onzas de corazones de alcachofa escurridos, cortados en cuartos a lo largo
- 1/3 taza de aceite de oliva extra virgen
- Ralladura y jugo de 1 limón
- 2 cucharadas de romero fresco picado en trozos grandes
- 2 cucharadas de perejil fresco picado
- ½ cucharadita de granos de pimienta negra

Direcciones:

En un bol de vidrio combine el queso feta y los corazones de alcachofa. Agregue el aceite de oliva, la ralladura y el jugo de limón, el romero, el perejil y los granos de pimienta y revuelva suavemente para cubrir, asegurándose de no desmenuzar el queso feta.

Déjelo enfriar durante 4 horas o hasta 4 días. Sacar de la nevera 30 minutos antes de servir.

Nutrición (por 100 g): 235 Calorías 23 g Grasas 1 g Carbohidratos 4 g Proteínas 714 mg Sodio

Croquetas de atún

Tiempo de preparación : 40 minutos, más horas para pasar la noche para enfriar

Hora de cocinar : 25 minutos

Porciones: 36

Nivel de dificultad: Difícil

Ingredientes:

- 6 cucharadas de aceite de oliva extra virgen, más 1 a 2 tazas
- 5 cucharadas de harina de almendras, más 1 taza, dividida
- 1¼ tazas de crema espesa
- 1 lata (4 onzas) de atún aleta amarilla envasado en aceite de oliva
- 1 cucharada de cebolla morada picada
- 2 cucharaditas de alcaparras picadas
- ½ cucharadita de eneldo seco
- ¼ de cucharadita de pimienta negra recién molida
- 2 huevos grandes
- 1 taza de pan rallado panko (o una versión sin gluten)

Direcciones:

En una sartén grande, caliente 6 cucharadas de aceite de oliva a fuego medio-bajo. Agregue 5 cucharadas de harina de almendras y cocine, revolviendo constantemente, hasta que se forme una pasta suave y la harina se dore ligeramente, de 2 a 3 minutos.

Seleccione el fuego a medio-alto y mezcle gradualmente la crema espesa, batiendo constantemente hasta que esté completamente suave y espesa, otros 4 a 5 minutos. Retire y agregue el atún, la cebolla roja, las alcaparras, el eneldo y la pimienta.

Transfiera la mezcla a una fuente para hornear cuadrada de 8 pulgadas que esté bien cubierta con aceite de oliva y reserve a temperatura ambiente. Envuelva y enfríe durante 4 horas o hasta toda la noche. Para formar las croquetas, disponer tres cuencos. En uno, bata los huevos. En otro, agregue la harina de almendras restante. En el tercero, agregue el panko. Cubra una bandeja para hornear con papel pergamino.

Coloque una cucharada de masa preparada en frío en la mezcla de harina y enrolle para cubrir. Sacuda el exceso y, con las manos, enrolle en forma de óvalo.

Sumerja la croqueta en el huevo batido, luego cúbrala ligeramente con panko. Coloque en una bandeja para hornear forrada y repita con la masa restante.

En una cacerola pequeña, caliente las 1 o 2 tazas restantes de aceite de oliva a fuego medio-alto.

Una vez calentado el aceite, sofreír las croquetas 3 o 4 a la vez, según el tamaño de tu sartén, retirando con una espumadera cuando estén doradas. Deberá ajustar la temperatura del aceite de vez en cuando para evitar que se queme. Si las croquetas se oscurecen muy rápidamente, baje la temperatura.

Nutrición (por 100 g): 245 Calorías 22 g Grasas 1 g Carbohidratos 6 g Proteínas 801 mg Sodio

Crudités de salmón ahumado

Tiempo de preparación: 10 minutos.

Hora de cocinar : 15 minutos

Porciones: 4

Nivel de dificultad: Fácil

Ingredientes:

- 6 onzas de salmón salvaje ahumado
- 2 cucharadas de alioli de ajo asado
- 1 cucharada de mostaza de Dijon
- 1 cucharada de cebolletas picadas, solo las partes verdes
- 2 cucharaditas de alcaparras picadas
- ½ cucharadita de eneldo seco
- 4 lanzas de escarola o corazones de lechuga romana
- ½ pepino inglés, cortado en rodajas de ¼ de pulgada de grosor

Direcciones:

Corta el salmón ahumado en trozos grandes y transfiérelo a un bol pequeño. Agregue el alioli, el Dijon, las cebolletas, las alcaparras y el eneldo y mezcle bien. Cubra los tallos de endivias y las rodajas de pepino con una cucharada de la mezcla de salmón ahumado y disfrútelo frío.

Nutrición (por 100 g): 92 Calorías 5 g Grasas 1 g Carbohidratos 9 g Proteínas 714 mg Sodio

Aceitunas marinadas con cítricos

Tiempo de preparación: 4 horas.

Hora de cocinar : 0 minutos

Porciones: 2

Nivel de dificultad: Fácil

Ingredientes:

- 2 tazas de aceitunas verdes mixtas con hueso
- ¼ taza de vinagre de vino tinto
- ¼ taza de aceite de oliva extra virgen
- 4 dientes de ajo finamente picados
- Ralladura y jugo de 1 naranja grande
- 1 cucharadita de hojuelas de pimiento rojo
- 2 hojas de laurel
- ½ cucharadita de comino molido
- ½ cucharadita de pimienta gorda molida

Direcciones:

Incorporar las aceitunas, el vinagre, el aceite, el ajo, la ralladura y el jugo de naranja, las hojuelas de pimiento rojo, las hojas de laurel, el comino y la pimienta de Jamaica y mezclar bien. Selle y enfríe durante 4 horas o hasta una semana para permitir que las aceitunas se marinen, revolviendo nuevamente antes de servir.

Nutrición (por 100 g): 133 Calorías 14 g Grasas 2 g Carbohidratos 1 g Proteínas 714 mg Sodio

Tapenade de aceitunas con anchoas

Tiempo de preparación : 1 hora y 10 minutos

Hora de cocinar : 0 minutos

Porciones: 2

Nivel de dificultad: promedio

Ingredientes:

- 2 tazas de aceitunas Kalamata sin hueso u otras aceitunas negras
- 2 filetes de anchoa picados
- 2 cucharaditas de alcaparras picadas
- 1 diente de ajo finamente picado
- 1 yema de huevo cocida
- 1 cucharadita de mostaza de Dijon
- ¼ taza de aceite de oliva extra virgen
- Galletas con semillas, bocadillos versátiles redondos o verduras, para servir (opcional)

Direcciones:

Enjuagar las aceitunas en agua fría y escurrir bien. En un procesador de alimentos, licuadora o una jarra grande (si usa una licuadora de inmersión) coloque las aceitunas escurridas, anchoas, alcaparras, ajo, yema de huevo y Dijon. Procese hasta formar una pasta espesa. Mientras corre, agregue gradualmente el aceite de oliva.

Ponga en un tazón pequeño, cubra y refrigere al menos 1 hora para que se desarrollen los sabores. Sirva con galletas saladas con semillas, encima de un bocadillo redondo versátil o con sus verduras crujientes favoritas.

Nutrición (por 100 g): 179 Calorías 19 g Grasas 2 g Carbohidratos 2 g Proteínas 82 mg Sodio

Huevos Rellenos Griegos

Tiempo de preparación: 45 minutos.

Hora de cocinar : 15 minutos

Porciones: 4

Nivel de dificultad: Fácil

Ingredientes:

- 4 huevos duros grandes
- 2 cucharadas de alioli de ajo asado
- ½ taza de queso feta finamente desmenuzado
- 8 aceitunas Kalamata sin hueso, finamente picadas
- 2 cucharadas de tomates secados al sol picados
- 1 cucharada de cebolla morada picada
- ½ cucharadita de eneldo seco
- ¼ de cucharadita de pimienta negra recién molida

Direcciones:

Picar los huevos duros por la mitad a lo largo, quitar las yemas y colocar las yemas en un tazón mediano. Reserva las mitades de clara de huevo y reserva. Machaca bien las yemas con un tenedor. Agregue el alioli, el queso feta, las aceitunas, los tomates secados al sol, la cebolla, el eneldo y la pimienta y revuelva para combinar hasta que quede suave y cremoso.

Vierta el relleno en cada mitad de clara de huevo y enfríe durante 30 minutos, o hasta 24 horas, tapado.

Nutrición (por 100 g): 147 Calorías 11 g Grasas 6 g Carbohidratos 9 g Proteínas 736 mg Sodio

Galletas Manchegas

Tiempo de preparación : 1 hora y 15 minutos

Hora de cocinar : 15 minutos

Porciones: 20

Nivel de dificultad: Difícil

Ingredientes:

- 4 cucharadas de mantequilla, a temperatura ambiente
- 1 taza de queso manchego finamente rallado
- 1 taza de harina de almendras
- 1 cucharadita de sal, dividida
- ¼ de cucharadita de pimienta negra recién molida
- 1 huevo grande

Direcciones:

Con una batidora eléctrica, batir la mantequilla y el queso rallado hasta que estén bien combinados y suaves. Incorporar la harina de almendras con ½ cucharadita de sal y pimienta. Poco a poco, agregue la mezcla de harina de almendras al queso, mezclando constantemente hasta que la masa se una para formar una bola.

Coloque un trozo de pergamino o envoltura de plástico y enrolle en un tronco cilíndrico de aproximadamente 1½ pulgadas de grosor. Selle herméticamente y luego congele durante al menos 1 hora. Precalienta el horno a 350 ° F. Coloque papel pergamino o tapetes de silicona para hornear en 2 bandejas para hornear.

Para hacer el huevo batido, batir el huevo y la ½ cucharadita de sal restante. Corte la masa refrigerada en rodajas pequeñas, de aproximadamente ¼ de pulgada de grosor, y colóquelas en las bandejas para hornear forradas.

Con huevo, lave la parte superior de las galletas y hornee hasta que las galletas estén doradas y crujientes. Colocar sobre una rejilla para enfriar.

Sirva tibio o, una vez que esté completamente frío, guárdelo en un recipiente hermético en el refrigerador hasta por 1 semana.

Nutrición (por 100 g): 243 Calorías 23 g Grasas 1 g Carbohidratos 8 g Proteínas 804 mg Sodio

Pila Burrata Caprese

Tiempo de preparación: 5 minutos.

Hora de cocinar : 0 minutos

Porciones: 4

Nivel de dificultad: Fácil

Ingredientes:

- 1 tomate orgánico grande, preferiblemente reliquia
- ½ cucharadita de sal
- ¼ de cucharadita de pimienta negra recién molida
- 1 bola (4 onzas) de queso burrata
- 8 hojas de albahaca fresca, en rodajas finas
- 2 cucharadas de aceite de oliva extra virgen
- 1 cucharada de vino tinto o vinagre balsámico

Direcciones:

Cortar el tomate en 4 rodajas gruesas, quitar el centro del centro duro y espolvorear con sal y pimienta. Coloque los tomates, sazonados hacia arriba, en un plato. En un plato con borde separado, corte la burrata en 4 rodajas gruesas y coloque una rodaja encima de cada rodaja de tomate. Cubra cada uno con una cuarta parte de la albahaca y vierta la crema de burrata reservada del plato con borde encima.

Rocíe con aceite de oliva y vinagre y sirva con tenedor y cuchillo.

Nutrición (por 100 g): 153 Calorías 13 g Grasas 1 g Carbohidratos 7 g Proteínas 633 mg Sodio

Buñuelos de calabacín y ricotta con alioli de limón y ajo

Tiempo de preparación : 10 minutos, más 20 minutos de descanso

Hora de cocinar : 25 minutos

Porciones: 4

Nivel de dificultad: Difícil

Ingredientes:

- 1 calabacín grande o 2 pequeños / medianos
- 1 cucharadita de sal, dividida
- ½ taza de queso ricotta de leche entera
- 2 cebolletas
- 1 huevo grande
- 2 dientes de ajo finamente picados
- 2 cucharadas de menta fresca picada (opcional)
- 2 cucharaditas de ralladura de limón
- ¼ de cucharadita de pimienta negra recién molida
- ½ taza de harina de almendras
- 1 cucharadita de levadura en polvo
- 8 cucharadas de aceite de oliva extra virgen
- 8 cucharadas de alioli de ajo asado o mayonesa de aceite de aguacate

Direcciones:

Coloque el calabacín rallado en un colador o en varias capas de toallas de papel. Espolvoree con ½ cucharadita de sal y deje reposar durante 10 minutos. Con otra capa de toalla de papel, presione el calabacín para liberar el exceso de humedad y séquelo. Incorpore el calabacín escurrido, la ricota, las cebolletas, el huevo, el ajo, la menta (si se usa), la ralladura de limón, la ½ cucharadita restante de sal y la pimienta.

Batir la harina de almendras y la levadura en polvo. Incorpore la mezcla de harina a la mezcla de calabacín y déjela reposar durante 10 minutos. En una sartén grande, trabajando en cuatro tandas, sofreír los buñuelos. Para cada lote de cuatro, caliente 2 cucharadas de aceite de oliva a fuego medio-alto. Agregue 1 cucharada colmada de masa de calabacín por buñuelo, presionando con el dorso de una cuchara para formar buñuelos de 2 a 3 pulgadas. Tape y deje freír 2 minutos antes de voltear. Freír otros 2 a 3 minutos, tapado, o hasta que estén crujientes, dorados y bien cocidos. Es posible que deba reducir el fuego a medio para evitar quemaduras. Sacar de la sartén y mantenga caliente.

Repita para los tres lotes restantes, usando 2 cucharadas de aceite de oliva para cada lote. Sirve los buñuelos calientes con alioli.

Nutrición (por 100 g): 448 Calorías 42 g Grasas 2 g Carbohidratos 8 g Proteínas 744 mg Sodio

Pepinos Rellenos De Salmón

Tiempo de preparación: 10 minutos.

Hora de cocinar : 0 minutos

Porciones: 4

Nivel de dificultad: Fácil

Ingredientes:

- 2 pepinos grandes, pelados
- 1 lata (4 onzas) de salmón rojo
- 1 aguacate mediano muy maduro
- 1 cucharada de aceite de oliva extra virgen
- Ralladura y jugo de 1 lima
- 3 cucharadas de cilantro fresco picado
- ½ cucharadita de sal
- ¼ de cucharadita de pimienta negra recién molida

Direcciones:

Corta el pepino en gajos de 1 pulgada de grosor y, con una cuchara, raspa las semillas del centro de cada segmento y colócalo en un plato. En un tazón mediano, mezcle el salmón, el aguacate, el aceite de oliva, la ralladura y el jugo de lima, el cilantro, la sal y la pimienta y mezcle hasta que quede cremoso.

Coloque la mezcla de salmón en el centro de cada segmento de pepino y sirva frío.

Nutrición (por 100 g): 159 Calorías 11 g Grasas 3 g Carbohidratos 9 g Proteínas 739 mg Sodio

Paté de Queso de Cabra y Caballa

Tiempo de preparación: 10 minutos.

Hora de cocinar : 0 minutos

Porciones: 4

Nivel de dificultad: Fácil

Ingredientes:

- 4 onzas de caballa silvestre envasada en aceite de oliva
- 2 onzas de queso de cabra
- Ralladura y jugo de 1 limón
- 2 cucharadas de perejil fresco picado
- 2 cucharadas de rúcula fresca picada
- 1 cucharada de aceite de oliva extra virgen
- 2 cucharaditas de alcaparras picadas
- 1 a 2 cucharaditas de rábano picante fresco (opcional)
- Galletas, rodajas de pepino, endivias o apio, para servir (opcional)

Direcciones:

En un procesador de alimentos, licuadora o tazón grande con licuadora de inmersión, combine la caballa, el queso de cabra, la ralladura y el jugo de limón, el perejil, la rúcula, el aceite de oliva, las alcaparras y el rábano picante (si lo usa). Procese o mezcle hasta que quede suave y cremoso.

Sirva con galletas saladas, rodajas de pepino, endivias o apio. Selle tapado en el refrigerador hasta por 1 semana.

Nutrición (por 100 g): 118 Calorías 8 g Grasas 6 g Carbohidratos 9 g Proteínas 639 mg Sodio

Sabor de las bombas de grasa mediterráneas

Tiempo de preparación : 4 horas y 15 minutos

Hora de cocinar : 0 minutos

Porciones: 6

Nivel de dificultad: promedio

Ingredientes:

- 1 taza de queso de cabra desmenuzado
- 4 cucharadas de pesto en frasco
- 12 aceitunas Kalamata sin hueso, finamente picadas
- ½ taza de nueces finamente picadas
- 1 cucharada de romero fresco picado

Direcciones:

En un tazón mediano, batir el queso de cabra, el pesto y las aceitunas y mezclar bien con un tenedor. Congele durante 4 horas para endurecer.

Con las manos, cree la mezcla en 6 bolas, de aproximadamente ¾ de pulgada de diámetro. La mezcla quedará pegajosa.

En un tazón pequeño, coloque las nueces y el romero y enrolle las bolas de queso de cabra en la mezcla de nueces para cubrir. Guarde las bombas de grasa en el refrigerador hasta por 1 semana o en el congelador por hasta 1 mes.

Nutrición (por 100 g): 166 Calorías 15 g Grasas 1 g Carbohidratos 5 g Proteínas 736 mg Sodio

Gazpacho de aguacate

Tiempo de preparación: 15 minutos.

Hora de cocinar : 10 minutos

Porciones: 4

Nivel de dificultad: Fácil

Ingredientes:

- 2 tazas de tomates picados
- 2 aguacates maduros grandes, cortados por la mitad y sin hueso
- 1 pepino grande, pelado y sin semillas
- 1 pimiento mediano (rojo, naranja o amarillo), picado
- 1 taza de yogur griego natural de leche entera
- ¼ taza de aceite de oliva extra virgen
- ¼ taza de cilantro fresco picado
- ¼ de taza de cebolletas picadas, solo la parte verde
- 2 cucharadas de vinagre de vino tinto
- Jugo de 2 limas o 1 limón
- ½ a 1 cucharadita de sal
- ¼ de cucharadita de pimienta negra recién molida

Direcciones:

Usando una licuadora de inmersión, combine los tomates, los aguacates, el pepino, el pimiento, el yogur, el aceite de oliva, el cilantro, las cebolletas, el vinagre y el jugo de lima. Mezclar hasta que esté suave.

Sazone y mezcle para combinar los sabores. Servir frío.

Nutrición (por 100 g): 392 Calorías 32 g Grasas 9 g Carbohidratos 6 g Proteínas 694 mg Sodio

Tazas de lechuga con pastel de cangrejo

Tiempo de preparación: 35 minutos.

Hora de cocinar : 20 minutos

Porciones: 4

Nivel de dificultad: promedio

Ingredientes:

- Cangrejo gigante de 1 libra
- 1 huevo grande
- 6 cucharadas de alioli de ajo asado
- 2 cucharadas de mostaza de Dijon
- ½ taza de harina de almendras
- ¼ de taza de cebolla morada picada
- 2 cucharaditas de pimentón ahumado
- 1 cucharadita de sal de apio
- 1 cucharadita de ajo en polvo
- 1 cucharadita de eneldo seco (opcional)
- ½ cucharadita de pimienta negra recién molida
- ¼ taza de aceite de oliva extra virgen
- 4 hojas grandes de lechuga Bibb, sin espinas gruesas

Direcciones:

Coloque la carne de cangrejo en un tazón grande y saque las cáscaras visibles, luego separe la carne con un tenedor. En un tazón pequeño, batir el huevo, 2 cucharadas de alioli y mostaza de Dijon. Añadir a la carne de cangrejo y licuar con un tenedor.

Agregue la harina de almendras, la cebolla roja, el pimentón, la sal de apio, el ajo en polvo, el eneldo (si se usa) y la pimienta y combine bien. Deje reposar a temperatura ambiente durante 10 a 15 minutos.

Forme 8 pasteles pequeños, de aproximadamente 2 pulgadas de diámetro. Cocina el aceite de oliva a fuego medio-alto. Fríe los pasteles hasta que se doren, de 2 a 3 minutos por lado. Envuelva, baje el fuego a bajo y cocine por otros 6 a 8 minutos, o hasta que cuaje en el centro. Retirar de la sartén.

Para servir, envuelva 2 pasteles de cangrejo pequeños en cada hoja de lechuga y cubra con 1 cucharada de alioli.

Nutrición (por 100 g): 344 Calorías 24 g Grasas 2 g Carbohidratos 24 g Proteínas 804 mg Sodio

Wrap de ensalada de pollo con naranja y estragón

Tiempo de preparación: 15 minutos.
Hora de cocinar : 0 minutos
Porciones: 4
Nivel de dificultad: Fácil

Ingredientes:

- ½ taza de yogur griego natural de leche entera
- 2 cucharadas de mostaza de Dijon
- 2 cucharadas de aceite de oliva extra virgen
- 2 cucharadas de estragón fresco
- ½ cucharadita de sal
- ¼ de cucharadita de pimienta negra recién molida
- 2 tazas de pollo desmenuzado cocido
- ½ taza de almendras picadas
- 4 a 8 hojas grandes de lechuga Bibb, sin tallo duro
- 2 aguacates maduros pequeños, pelados y en rodajas finas
- Ralladura de 1 clementina o ½ naranja pequeña (aproximadamente 1 cucharada)

Direcciones:

En un tazón mediano, mezcle el yogur, la mostaza, el aceite de oliva, el estragón, la ralladura de naranja, la sal y la pimienta y bata hasta que quede cremoso. Agregue el pollo desmenuzado y las almendras y revuelva para cubrir.

Para armar las envolturas, coloque aproximadamente ½ taza de la mezcla de ensalada de pollo en el centro de cada hoja de lechuga y cubra con rodajas de aguacate.

Nutrición (por 100 g): 440 Calorías 32g l Grasas 8g Carbohidratos 26g Proteínas 607mg Sodio

Champiñones Rellenos De Queso Feta Y Quinoa

Tiempo de preparación: 5 minutos.

Hora de cocinar : 8 minutos

Porciones: 6

Nivel de dificultad: promedio

Ingredientes:

- 2 cucharadas de pimiento rojo finamente picado
- 1 diente de ajo picado
- ¼ taza de quinua cocida
- 1/8 cucharadita de sal
- ¼ de cucharadita de orégano seco
- 24 champiñones, sin tallo
- 2 onzas de queso feta desmenuzado
- 3 cucharadas de pan rallado integral
- Spray de aceite de oliva para cocinar

Direcciones:

Precaliente la freidora a 360 ° F. En un tazón pequeño, mezcle el pimiento, el ajo, la quinua, la sal y el orégano. Vierta el relleno de quinua en las tapas de los champiñones hasta que se llenen. Agregue un pequeño trozo de queso feta a la parte superior de cada hongo. Espolvoree una pizca de pan rallado sobre el queso feta en cada hongo.

Coloque la canasta de la freidora con aceite en aerosol para cocinar, luego coloque suavemente los champiñones en la canasta, asegurándose de que no se toquen entre sí.

Coloque la canasta en la freidora y hornee por 8 minutos. Retirar de la freidora y servir.

Nutrición (por 100 g): 97 Calorías 4 g Grasas 11 g Carbohidratos 7 g Proteínas 677 mg Sodio

Falafel de cinco ingredientes con salsa de ajo y yogur

Tiempo de preparación: 5 minutos.
Hora de cocinar : 15 minutos
Porciones: 4
Nivel de dificultad: Difícil

Ingredientes:

- <u>Para el falafel</u>
- 1 lata (15 onzas) de garbanzos, escurridos y enjuagados
- ½ taza de perejil fresco
- 2 dientes de ajo picados
- ½ cucharada de comino molido
- 1 cucharada de harina integral
- Sal
- <u>Para la salsa de ajo y yogur</u>
- 1 taza de yogur griego natural sin grasa
- 1 diente de ajo picado
- 1 cucharada de eneldo fresco picado
- 2 cucharadas de jugo de limón

Direcciones:

Para hacer el falafel

Precaliente la freidora a 360 ° F. Pon los garbanzos en un procesador de alimentos. Pulse hasta que esté casi picado, luego agregue el perejil, el ajo y el comino y pulse durante otros minutos, hasta que los ingredientes se conviertan en una masa.

Agrega la harina. Pulsa unas cuantas veces más hasta que se combinen. La masa tendrá textura, pero los garbanzos deben triturarse en trozos pequeños. Con las manos limpias, enrolle la masa en 8 bolas del mismo tamaño, luego golpee un poco las bolas para que queden como discos de ½ grosor.

Coloque la canasta de la freidora con aceite en aerosol para cocinar, luego coloque las hamburguesas de falafel en la canasta en una sola capa, asegurándose de que no se toquen entre sí. Freír en la freidora durante 15 minutos.

Para hacer la salsa de ajo y yogur

Mezcle el yogur, el ajo, el eneldo y el jugo de limón. Una vez que el falafel esté listo para cocinar y bien dorado por todos lados, retírelos de la freidora y sazone con sal. Sirva el lado caliente de la salsa para mojar.

Nutrición (por 100 g): 151 Calorías 2 g Grasas 10 g Carbohidratos 12 g Proteínas 698 mg Sodio

Camarones Al Limón Con Aceite De Oliva Ajo

Tiempo de preparación: 5 minutos
Hora de cocinar : 6 minutos
Porciones: 4
Nivel de dificultad: promedio

Ingredientes:

- 1 libra de camarones medianos, limpios y desvenados
- ¼ de taza más 2 cucharadas de aceite de oliva, cantidad dividida
- Jugo de ½ limón
- 3 dientes de ajo picados y divididos
- ½ cucharadita de sal
- ¼ de cucharadita de hojuelas de pimiento rojo
- Rodajas de limón, para servir (opcional)
- Salsa marinara, para mojar (opcional)

Direcciones:

Precaliente la freidora a 380 ° F. Agregue los camarones con 2 cucharadas de aceite de oliva, jugo de limón, 1/3 de ajo picado, sal y hojuelas de pimiento rojo y cubra bien.

En un molde pequeño, combine el ¼ de taza restante de aceite de oliva y el ajo picado restante. Arranca una hoja de papel de aluminio de 30 x 30 cm (30 x 30 cm). Coloca los camarones en el centro del papel de aluminio, luego dobla los lados hacia arriba y riza los bordes para que formen un tazón de papel de aluminio que esté abierto en la parte superior. Coloque este paquete en la canasta de la freidora.

Ase los camarones durante 4 minutos, luego abra la freidora y coloque el ramekin con aceite y ajo en la canasta junto al paquete de camarones. Cocine por 2 minutos más. Transfiera los camarones a un plato para servir o una fuente con la cacerola de aceite de oliva con ajo a un lado para mojar. También puede servir con rodajas de limón y salsa marinara, si lo desea.

Nutrición (por 100 g): 264 Calorías 21 g Grasas 10 g Carbohidratos 16 g Proteínas 473 mg Sodio

Papas fritas crujientes de judías verdes con salsa de yogur y limón

Tiempo de preparación: 5 minutos.

Hora de cocinar : 5 minutos

Porciones: 4

Nivel de dificultad: promedio

Ingredientes:

- <u>Para las judías verdes</u>
- 1 huevo
- 2 cucharadas de agua
- 1 cucharada de harina integral
- ¼ de cucharadita de pimentón
- ½ cucharadita de ajo en polvo
- ½ cucharadita de sal
- ¼ taza de pan rallado integral
- ½ libra de ejotes enteros
- <u>Para la salsa de limón y yogur</u>
- ½ taza de yogur griego natural sin grasa
- 1 cucharada de jugo de limón
- ¼ de cucharadita de sal
- 1/8 cucharadita de pimienta de cayena

Dirección:

Para hacer las judías verdes

Precaliente la freidora a 380 ° F.

En un tazón mediano y poco profundo, combine el huevo y el agua hasta que esté espumoso. En otro tazón mediano, poco profundo, mezcle la harina, el pimentón, el ajo en polvo y la sal, luego mezcle el pan rallado.

Extienda el fondo de la freidora con aceite en aerosol. Sumerja cada judía verde en la mezcla de huevo, luego en la mezcla de pan rallado, cubriendo el exterior con las migas. Coloque las judías verdes en una sola capa en el fondo de la canasta de la freidora.

Freír en la freidora durante 5 minutos o hasta que el empanizado esté dorado.

Para hacer la salsa de limón y yogur

Incorpora el yogur, el jugo de limón, la sal y la pimienta de cayena. Sirva las papas fritas con judías verdes junto con la salsa de yogur y limón como bocadillo o aperitivo.

Nutrición (por 100 g): 88 calorías 2 g de grasa 10 g de carbohidratos 7 g de proteína 697 mg de sodio

Chips de pita de sal marina caseros

Tiempo de preparación: 2 minutos.

Hora de cocinar : 8 minutos

Porciones: 2

Nivel de dificultad: Fácil

Ingredientes:

- 2 pitas de trigo integral
- 1 cucharada de aceite de oliva
- ½ cucharadita de sal kosher

Direcciones

Precaliente la freidora a 360 ° F. Corta cada pita en 8 gajos. En un tazón mediano, mezcle los gajos de pita, el aceite de oliva y la sal hasta que los gajos estén cubiertos y el aceite de oliva y la sal estén distribuidos uniformemente.

Coloque las rodajas de pita en la canasta de la freidora en una capa uniforme y fría durante 6 a 8 minutos.

Sazone con sal adicional, si lo desea. Sirva solo o con su salsa favorita.

Nutrición (por 100 g): 230 Calorías 8 g Grasas 11 g Carbohidratos 6 g Proteínas 810 mg Sodio

Dip de Spanakopita al Horno

Tiempo de preparación: 10 minutos.

Hora de cocinar : 15 minutos

Porciones: 2

Nivel de dificultad: promedio

Ingredientes:

- Spray de aceite de oliva para cocinar
- 3 cucharadas de aceite de oliva, divididas
- 2 cucharadas de cebolla blanca picada
- 2 dientes de ajo picados
- 4 tazas de espinaca fresca
- 4 onzas de queso crema, ablandado
- 4 onzas de queso feta, dividido
- Ralladura de 1 limón
- ¼ de cucharadita de nuez moscada molida
- 1 cucharadita de eneldo seco
- ½ cucharadita de sal
- Chips de pita, palitos de zanahoria o pan rebanado para servir (opcional)

Direcciones:

Precaliente la freidora a 360 ° F. Cubra el interior de un molde para hornear de 6 pulgadas con aceite en aerosol para cocinar.

En una sartén grande a fuego medio, caliente 1 cucharada de aceite de oliva. Agregue la cebolla, luego cocine por 1 minuto. Agregue el ajo y cocine, revolviendo durante 1 minuto más.

Baje el fuego y combine las espinacas y el agua. Cocine hasta que las espinacas se ablanden. Retire la sartén del fuego. En un tazón mediano, batir el queso crema, 2 onzas de feta y el resto del aceite de oliva, la ralladura de limón, la nuez moscada, el eneldo y la sal. Mezclar hasta que esté combinado.

Agregue las verduras a la base de queso y revuelva hasta que se combinen. Vierta la mezcla de salsa en el molde preparado y cubra con las 2 onzas restantes de queso feta.

Coloque la salsa en la canasta de la freidora y cocine durante 10 minutos, o hasta que esté completamente caliente y burbujeante. Sirva con chips de pita, palitos de zanahoria o pan de molde.

Nutrición (por 100 g): 550 Calorías 52 g Grasas 21 g Carbohidratos 14 g Proteínas 723 mg Sodio

Dip de cebolla perla asada

Tiempo de preparación: 5 minutos.

Hora de cocinar : 12 minutos más 1 hora para enfriar

Porciones: 4

Nivel de dificultad: promedio

Ingredientes:

- 2 tazas de cebollas perla peladas
- 3 dientes de ajo
- 3 cucharadas de aceite de oliva, divididas
- ½ cucharadita de sal
- 1 taza de yogur griego natural sin grasa
- 1 cucharada de jugo de limón
- ¼ de cucharadita de pimienta negra
- 1/8 cucharadita de hojuelas de pimiento rojo
- Chips de pita, verduras o pan tostado para servir (opcional)

Direcciones:

Precaliente la freidora a 360 ° F. En un tazón grande, combine las cebollas perla y el ajo con 2 cucharadas de aceite de oliva hasta que las cebollas estén bien cubiertas.

Vierta la mezcla de ajo y cebolla en la canasta de la freidora y ase durante 12 minutos. Coloca el ajo y la cebolla en un procesador de alimentos. Pulse las verduras varias veces, hasta que las cebollas estén picadas pero aún tengan algunos trozos.

Agregue el ajo y la cebolla y la cucharada restante de aceite de oliva, junto con la sal, el yogur, el jugo de limón, la pimienta negra y las hojuelas de pimiento rojo. Enfríe durante 1 hora antes de servir con chips de pita, verduras o pan tostado.

Nutrición (por 100 g): 150 Calorías 10 g Grasas 6 g Carbohidratos 7 g Proteínas 693 mg Sodio

Tapenade de pimiento rojo

Tiempo de preparación: 5 minutos.

Hora de cocinar : 5 minutos

Porciones: 4

Nivel de dificultad: promedio

Ingredientes:

- 1 pimiento rojo grande
- 2 cucharadas más 1 cucharadita de aceite de oliva
- ½ taza de aceitunas Kalamata, sin hueso y picadas
- 1 diente de ajo picado
- ½ cucharadita de orégano seco
- 1 cucharada de jugo de limón

Direcciones:

Precaliente la freidora a 380 ° F. Cepille el exterior de un pimiento rojo entero con 1 cucharadita de aceite de oliva y colóquelo dentro de la canasta de la freidora. Ase durante 5 minutos. Mientras tanto, en un tazón mediano incorpore las 2 cucharadas restantes de aceite de oliva con las aceitunas, el ajo, el orégano y el jugo de limón.

Retire el pimiento rojo de la freidora, luego corte suavemente el tallo y retire las semillas. Pica el pimiento asado en trozos pequeños.

Agregue el pimiento rojo a la mezcla de aceitunas y revuelva todo junto hasta que se combinen. Sirva con chips de pita, galletas saladas o pan crujiente.

Nutrición (por 100 g): 104 Calorías 10 g Grasas 9 g Carbohidratos 1 g Proteína 644 mg Sodio

Piel de patata griega con aceitunas y queso feta

Tiempo de preparación: 5 minutos.
Hora de cocinar : 45 minutos
Porciones: 4
Nivel de dificultad: Difícil

Ingredientes:

- 2 patatas rojizas
- 3 cucharadas de aceite de oliva
- 1 cucharadita de sal kosher, dividida
- ¼ de cucharadita de pimienta negra
- 2 cucharadas de cilantro fresco
- ¼ taza de aceitunas Kalamata, cortadas en cubitos
- ¼ de taza de queso feta desmenuzado
- Perejil fresco picado, para decorar (opcional)

Direcciones:

Precaliente la freidora a 380 ° F. Con un tenedor, haga de 2 a 3 agujeros en las papas, luego cúbralas con aproximadamente ½ cucharada de aceite de oliva y ½ cucharadita de sal.

Coloque las papas en la canasta de la freidora y hornee por 30 minutos. Retire las papas de la freidora y córtelas por la mitad. Raspe la pulpa de las papas con una cuchara, dejando una capa de ½ pulgada de papa dentro de la piel y déjelas a un lado.

En un tazón mediano, combine los medios de papa con las 2 cucharadas restantes de aceite de oliva, ½ cucharadita de sal, pimienta negra y cilantro. Mezclar hasta que esté bien combinado. Divida el relleno de papa en las cáscaras de papa ahora vacías, extendiéndolas uniformemente sobre ellas. Cubra cada papa con una cucharada de aceitunas y queso feta.

Coloque las pieles de papa cargadas nuevamente en la freidora y hornee por 15 minutos. Sirva con cilantro o perejil picado adicional y un chorrito de aceite de oliva, si lo desea.

Nutrición (por 100 g): 270 Calorías 13g Grasas 34g Carbohidratos 5g Proteínas 672mg Sodio

Flatbread de Alcachofa y Pita de Aceitunas

Tiempo de preparación: 5 minutos.

Hora de cocinar : 10 minutos

Porciones: 4

Nivel de dificultad: Fácil

Ingredientes:

- 2 pitas de trigo integral
- 2 cucharadas de aceite de oliva, divididas
- 2 dientes de ajo picados
- ¼ de cucharadita de sal
- ½ taza de corazones de alcachofa en lata, rebanados
- ¼ taza de aceitunas Kalamata
- ¼ taza de queso parmesano rallado
- ¼ de taza de queso feta desmenuzado
- Perejil fresco picado, para decorar (opcional)

Direcciones:

Precaliente la freidora a 380 ° F. Unte cada pita con 1 cucharada de aceite de oliva, luego espolvoree el ajo picado y la sal por encima.

Distribuya los corazones de alcachofa, las aceitunas y los quesos de manera uniforme entre las dos pitas, y coloque ambos en la freidora para hornear durante 10 minutos. Retire las pitas y córtelas en 4 trozos cada una antes de servir. Espolvoree perejil por encima, si lo desea.

Nutrición (por 100 g): 243 Calorías 15 g Grasas 10 g Carbohidratos 7 g Proteínas 644 mg Sodio

www.ingramcontent.com/pod-product-compliance
Lightning Source LLC
Chambersburg PA
CBHW071816080526
44589CB00012B/810